Sabine Weiden

Der Gedächtnistrainer

Sabine Weiden

DER GEDÄCHTNIS TRAINER

Mit Erfolg zum besseren Gedächtnis

MOEWIG

Hinweis: Die Anleitungen in diesem Buch sind sorgfältig recherchiert und geprüft worden. Dennoch ist jegliche Haftung für Personen-, Sach- und Vermögensschäden ausgeschlossen, soweit gesetzlich zulässig. Insbesondere handelt es sich bei den Ratschlägen und Empfehlungen dieses Buches um unverbindliche Auskünfte gemäß § 676 BGB.

Konzept & Realisation: Livingston Media, Hamburg
Projektleitung: Michaela Plump
Illustrationen: Ralf Schmeiser; DTP: Silke Fügert
Coverfoto: Tim Flach/Getty Images, München

www.moewig.de

Printed in China
ISBN 10: 3-8118-3024-4
ISBN 13: 978-3-8118-3024-0

Inhalt

Ein gutes Gedächtnis bis ins hohe Alter – so schaffen Sie es

Namen, Geburtstage, Schlüssel oder Versprechen – sie alle haben eines gemeinsam: man vergisst sie gerne. Viele glauben deshalb, ein schlechtes Gedächtnis zu haben. Doch das stimmt in den meisten Fällen nicht. Es ist ganz normal, bestimmte Dinge immer wieder zu vergessen. Wir können nicht alles behalten.

Das Gehirn wird täglich mit einer Flut von Reizen konfrontiert, von denen es aber lange nicht alle speichern kann. Deshalb sortiert es aus, was es für unwichtig erachtet. Sonst wäre es mit Informationen überladen, die es gar nicht braucht. Und irgendwann könnte es nichts Neues mehr aufnehmen. Aber das ist nicht Sinn der Sache. Jeder Mensch trifft daher unbewusst seine eigene Auswahl an Dingen und Ereignissen, die für ihn von Interesse sind oder zu denen er eine Beziehung hat. Die behält er automatisch. Unsere Merkfähigkeit hängt also von unserem Interesse und unserer Aufmerksamkeit ab. Was starken Eindruck hinterlässt, merken wir uns leichter. Was wir uns mühsam einprägen müssen, bleibt erst nach häufiger Wiederholung hängen.

So ist es kein Wunder, wenn wir den Geburtstag der Tante vergessen, die wir nur einmal im Jahr sehen. Oder dass wir uns nicht mehr erinnern können an alltägliche Dinge, die wir ganz automatisch erledigen: Habe ich die Tür abgeschlossen? Ist der Herd ausgeschaltet? Erst, wenn sich solche Erlebnisse häufen, über längere Zeit bestehen oder belastend werden, besteht ein Defizit, das ausgeglichen werden muss. Und dafür ist es nie zu spät. Denn Lernen ist keine Frage des Alters. Die Fähigkeit dazu besitzen sowohl Kinder als auch ältere Menschen. Der einzige Unterschied: Je älter wir werden, desto länger brauchen wir, um uns etwas zu merken. Allerdings ist daran nicht der so genannte altersbedingte Abbau des Gehirns schuld. Denn den gibt es eigentlich gar nicht. Die Ursache ist vielmehr, dass die Stoffwechselvorgänge des Körpers mit zunehmendem Alter langsamer werden. Das heißt, es dauert länger, bis der Körper die biochemischen Prozesse, die in ihm vorgehen, verarbeitet hat. Dadurch wird auch die Gehirnleistung beeinflusst. Sie nimmt ab. Informationen brauchen deshalb länger, bis sie im Gehirn ankommen.

Das gleiche passiert, wenn man unter Stress steht. Dann sind die Nervenbahnen durch die Ausschüttung der Stresshormone blockiert, damit der Körper sich auf die Bewältigung der Situation konzentrieren kann. Alle unnötigen Funktionen werden heruntergefahren oder ausgeschaltet, auch das Gedächtnis. Dadurch entsteht das Gefühl, eine „lange Leitung" zu haben. Das kennt jeder, der schon einmal in einer Prüfungssituation war. Der Kopf scheint auf einmal wie leer gefegt zu sein, die Antworten bleiben aus. Lässt der Stress jedoch nach, funktioniert auch das Gehirn wieder wie gewohnt. Dann fallen einem die Lösungen plötzlich ein. Manchmal hält die Stresssituation aber auch länger an, der Stoffwechsel bleibt unausgeglichen und die Hirnfunktion reguliert sich nicht von selbst wieder. Man hat dauerhaft das Gefühl, ein schlechtes Gedächtnis und einen „leeren Kopf" zu haben. Dann muss man dem Stoffwechsel von außen etwas nachhelfen. Doch auch dafür gibt es eine ganze Reihe von Möglichkeiten.

Machen Sie zum Start einen kleinen Test: Ist Ihr Gedächtnis wirklich gut?

Der Leistungsabfall eines jeden Gehirns lässt sich bremsen. Man muss ihn nicht schicksalhaft hinnehmen. Gezieltes Training kann die Gedächtnisleistung verbessern. Ganz so, wie man auch bestimmte Muskelgruppen mit speziellen Bewegungen aufbauen kann. Das Training sorgt dafür, dass die Nervenbahnen nicht blockiert werden und Informationen schneller verarbeitet werden können. Das dafür nötige Programm reicht von kleinen täglichen „Gesundheits-Übungen" bis zum Umkrempeln der Lebensgewohnheiten. Wie viel davon nötig ist, muss jeder für sich selbst festlegen. Eine Steigerung ist immer möglich. Doch wer richtig fit und leistungsfähig sein will, kommt um einige Änderungen in seinem Lebensstil oft nicht herum. Dazu ist es hilfreich, vorher die eigene Vitalität zu überprüfen. Das Ergebnis dieses kleinen Tests kann Ihnen bei späteren Wiederholungen zeigen, wie sich Ihr Gedächtnis verbessert hat. Beantworten Sie die folgenden Fragen jeweils nur mit „ja" oder „nein":

- Ist Ihnen bereits entfallen, was vorgestern Ihre Hauptmahlzeit war?
- Rauchen Sie mehr als zehn Zigaretten am Tag?
- Bewegen Sie sich täglich weniger als eine halbe Stunde (Spaziergänge, Sport)?
- Essen Sie wenig Obst und Gemüse?
- Nehmen Sie regelmäßig weniger als zwei Liter Flüssigkeit pro Tag zu sich?
- Schlafen Sie pro Tag ständig weniger als sechs Stunden?

- Unterhalten Sie sich pro Tag weniger als eine Stunde mit anderen (Telefonate bitte mitzählen)?
- Sind Sie oft antriebsarm, niedergeschlagen?
- Kommt es täglich mehr als dreimal vor, dass Ihnen entfallen ist, was Sie als Nächstes tun wollten?
- Liegt Ihr täglicher Fernsehkonsum regelmäßig bei mehr als fünf Stunden?
- Beschäftigen Sie sich täglich weniger als zehn Minuten mit einer aktuellen Tageszeitung?
- Müssen Sie die fünf von Ihnen am häufigsten angerufenen Telefonnummern vor dem Wählen nachschlagen?
- Ist es länger als eine Woche her, dass Sie zum letzten Mal ein Kreuzworträtsel oder eine andere Denksportaufgabe gelöst haben?

Haben Sie vier oder mehr Fragen mit ja beantwortet, ist es höchste Zeit, dass Sie etwas für Ihre geistige Vitalität tun. Aber gehen Sie es nicht verbissen an!

Wer hinter den Übungen nur das „Muss" sieht und nicht den Spaß, wird sich keinen Gefallen tun. Eine positive Einstellung ist – wie überall im Leben – auch hier hilfreich. Wer an sich zweifelt und mit negativem Druck an die Übungen geht, wird kaum von ihnen profitieren. Wer hingegen an seine Fähigkeiten glaubt, wird es auch leichter haben, sein Gedächtnis zu schulen. Denn man kann sich Misserfolg regelrecht einreden. Zu denken „Das behalte ich nicht" ist ebenso falsch wie „Das darf ich nicht vergessen". Beide Sätze beeinflussen unser Denken negativ. Sinnvoller ist es, völlig unvoreingenommen zu beginnen und sich dann davon überraschen zu lassen, wie viel man wirklich leisten kann – und wie sich die Leistung allmählich steigern lässt.

Geistig fit bis ins hohe Alter – mit der richtigen Ernährung klappt es

Wer etwas für seine geistige Fitness tun will, sollte dabei zunächst an seinen Körper denken. Denn er ist der Antriebsmotor unserer Geisteskraft. Er versorgt das Gehirn mit Sauerstoff und den nötigen Nährstoffen, aus denen es seine Energie bezieht. Ohne sie geht es nicht. Schon ein kleiner Mangel kann sich bemerkbar machen. Der Einfluss der Ernährung auf das Denken ist daher nicht zu vernachlässigen. Er steht in einem direkten Zusammenhang mit der Gehirnaktivität. Die Ernährung bestimmt, wie fit wir im Kopf sind und wie lange wir es bleiben. Eine ausreichende Versorgung mit Vitaminen, Mineralien und anderen Gesundstoffen ist für die volle Funktionsfähigkeit des Gehirns daher unerlässlich.

Wissen, was man isst: die richtige Ernährung für eine schnelle Auffassungsgabe

Der wichtigste Energielieferant für die kleinen grauen Zellen ist Glucose (Traubenzucker). Sie stärkt die Konzentrationsfähigkeit. Manch einer kennt sicher den Tipp, vor Prüfungen Traubenzucker zu essen. Das soll die Leistung verbessern. Die Energie aus dieser Extraportion reicht aber nur für kurze Zeit. Dann ist der Stoff wieder aus dem Blut verschwunden. Täglich Traubenzucker zu essen ist daher keine

Lösung. Da das Gehirn täglich ein Fünftel des gesamten durch die Nahrung aufgenommenen Zuckers verbraucht, sollte man es auch regelmäßig damit versorgen. Das hält den Blutzuckerspiegel konstant und verhindert ein Absacken der Konzentration.

Der Körper bezieht Zucker aus kohlenhydrat- und ballaststoffreicher Nahrung, etwa aus Vollkornprodukten, Gemüse und Obst. Sie versorgen den Körper langfristig mit Energie. Ein weiterer Nährstoff, aus dem das Gehirn seine Kraft bezieht, ist Eiweiß. Es „schmiert" gewissermaßen die Nervenzellen und sorgt für eine reibungslose Informationsweiterleitung. Gute Quellen sind Milchprodukte, Fleisch sowie Hülsenfrüchte und Soja. Omega-3-Fettsäuren (hauptsächlich in Fisch, vor allem in Hering, Lachs, Makrele und Tunfisch) sorgen dafür, dass die Arterien fit bleiben und es nicht zu Durchblutungsstörungen kommt.

Ganz wichtig, besonders für ältere Menschen, ist die Zufuhr von ausreichend Flüssigkeit. Denn bei einem Mangel dickt das Blut ein. Dann kann es nicht mehr genügend Sauerstoff und Nährstoffe zum Gehirn transportieren, das davon allein täglich 20 Prozent der aufgenommenen Gesamtmenge benötigt. Ist das Gehirn mit Sauerstoff unterversorgt, arbeitet es langsamer und Konzentration sowie Erinnerungsvermögen lassen nach. Wir fühlen uns müde, Verwirrtheitszustände können drohen. Zwar wird auch mit der Nahrung Flüssigkeit aufgenommen. Doch der Anteil ist nicht besonders groß. Effektiver ist es, über den Tag verteilt zwei Liter Wasser, Saftschorle oder ungesüßten Kräuter- und Früchtetee zu trinken. Dann können die Zellen optimale Leistung bringen. Ein weiterer wichtiger Faktor in der Fitness-Ernährung für das Gehirn sind die Vitamine.

Mit Vitaminen munter bleiben – die richtige Mischung für flottes Denken

Ganz gezielt lassen sich Vitamine gegen Beschwerden und zur Leistungssteigerung von Körper und Geist einsetzen. Dabei liegt die Betonung auf „gezielt". Wahllos Vitamine in sich hineinzuschütten dient der Sache nämlich nicht. Zwar schadet eine allgemeine Vitaminzufuhr in den meisten Fällen nicht. Ein Zuviel einzelner Vitamine wie z. B. Vitamin A und D dagegen kann zu erheblichen gesundheitlichen Störungen führen. Um eine bestimmte Wirkung zu erzielen, ist es allerdings nötig, von einigen Nährstoffen mehr als erforderlich zu sich zu nehmen.

Welche Vitamine und wie viel davon soll man nehmen?

Die sicherste Möglichkeit, dies herauszufinden, bietet natürlich ein Arztbesuch. Dort kann per Blutuntersuchung ein Vitaminstatus erstellt werden. Dadurch wird auch ermittelt, welche Mineralien und Spurenelemente fehlen. Der jeweilige Spiegel im Blut zeigt jedoch nur eine Momentaufnahme. Deshalb wäre es möglich, dass er den Mangel eines Vitamins anzeigt, das vielleicht nur an diesem Tag nicht ausreichend vorhanden ist. Denn der Nährstoffgehalt im Blut ist nicht immer gleich.

Genauere Klärung bringt eine Haaranalyse. Sie wird in speziellen Instituten vorgenommen. Der Patient schickt dafür einige Haare ein. Aus ihnen lässt sich mit Hilfe verschiedener Untersuchungen feststellen, ob ein Mangel schon längere Zeit vorliegt und welcher. Solch eine spezielle Untersuchung sollte man aber nur durchführen lassen, wenn man aufgrund von Beschwerden den Verdacht hegt, dass ein Mangel besteht. Ansonsten reicht es aus, darauf zu achten, dass man genügend Nahrungsmittel mit den nötigen Vitaminen zu sich nimmt. Muntermacher und Stützen des Immunsystems sind die Vitamine C, A, und E sowie die B-Vitamine.

Vitamin C schützt die Zellen vor Alterung und Schäden

Es stärkt das Immunsystem und wehrt zellverändernde freie Radikale ab, die zur Entstehung von Krebs beitragen und den Alterungsprozess vorantreiben. Vitamin C sorgt außerdem dafür, dass sich kein Cholesterin in den Arterien ablagert und es unterstützt den Hormonkreislauf. Es ist auch am Aufbau von Antikörpern beteiligt, die Krankheitserreger wie Bakterien und Viren im Körper abwehren. Diese Antikörper sind hauptsächlich Leukozyten. Fehlt dem Körper Vitamin C, sinkt die Zahl der Leukozyten, die Abwehrkräfte lassen nach. Ein großer Räuber von Vitamin C ist Stress. Da der Mensch das Vitamin nicht selbst im Körper herstellen kann, ist er auf dessen Zufuhr von außen angewiesen.

Die Deutsche Gesellschaft für Ernährung (DGE) hält eine Tagesdosis von 100 Milligramm Vitamin C für ausreichend. Die aber kann schnell aufgebraucht sein: Starke Gefühle wie Angst oder Wut verbrauchen innerhalb von 20 Minuten bis zu 300 Milligramm Vitamin C. Die Tagesdosis reicht zur optimalen Versorgung also nicht. Damit sind die Zellen schlechter geschützt, der Abbau schreitet voran und das hat Einfluss auf die Denkleistung. Bis zu 400 Milligramm Vitamin C pro Tag, besonders bei Belastung, können den Mangel auffangen. Für dauerhafte zusätzliche Einnahme ist Vitamin C jedoch nicht geeignet. Wichtig ist, auf eine ausgewogene Ernährung mit genügend Vitamin C-haltigen

Nahrungsmitteln zu achten. Eine ausreichende tägliche Versorgung mit Vitamin C bieten jeweils 150 Gramm Erdbeeren oder eine rote Paprikaschote, zwei Kiwis, zwei Apfelsinen, 160 Gramm Kohlrabi oder 170 Gramm Brokkoli.

Die Vitamine A und E füttern die Immunsystem-Zentrale

Vitamin E oder seine verschiedenen Formen, die man als Tocopherole bezeichnet, sind fast ein ebenso mächtiges Universalgenie wie das Vitamin C. Außerdem sind sie unentbehrlich für eine Vielzahl von Körperfunktionen. Zusammen mit den Vitaminen A und C bewahrt Vitamin E wie ein Zellschutz-Wächter und Radikalen-Fänger unsere Thymusdrüse vor Schäden, die als unsere Immunzentrale anzusehen ist.

Darüber hinaus ist Vitamin E durch seine verschiedenen anderen Tätigkeiten im Körper ein wahrer Muntermacher, weil es die Adern putzt und so für eine bessere Versorgung mit Sauerstoff sorgt. Leistungsschwäche und Müdigkeit sind daher Zeichen für einen Mangel an Vitamin E. Die benötigte Tagesdosis liegt zwischen zehn und fünfzehn Milligramm. Man kann sie sehr gut durch den Verzehr von Vollkornprodukten, Blattgemüse und pflanzlichen Ölen decken. Die Grenze von 800 Milligramm pro Tag sollte allerdings nicht überschritten werden, denn dann drohen Verdauungsstörungen und Muskelschwäche.

Vitamin A ist außerdem wichtig für die Sehkraft, die Haut und die Schleimhäute. Der tägliche Bedarf beträgt etwa ein Milligramm. Bei viel Stress, regelmäßigem Fleischverzehr, schwerer Krankheit oder Schwangerschaft braucht der Körper mehr Vitamin A. Es kommt hauptsächlich in Leber, Möhren und Milchprodukten vor. Anzeichen für zu viel

Vitamin A sind Kopfschmerzen, Übelkeit, Erbrechen und Mattigkeit. Beide Vitamine A und E kann der Körper nur verwerten, wenn sie mit etwas Fett aufgenommen werden.

B-Vitamine sorgen für mehr Konzentrationsfähigkeit

Von ihnen gibt es eine ganze Gruppe, und sie haben fast alle spezielle Aufgaben. Doch eines ist ihnen allen gemein: Sie beeinflussen unser Seelenkostüm. Wenn es um Müdigkeit, Gedächtnis- und Konzentrationsschwäche, Lustlosigkeit oder Depressionen geht, sind immer B-Vitamine im Spiel. Deshalb nennt man sie auch die Nervenvitamine. Nicht selten werden B-Vitamine bei seelischen Erschöpfungszuständen oder anderen seelischen Störungen zur Behandlung eingesetzt. Das liegt daran, dass sie, besonders die Folsäure, an der Bildung der beiden Botenstoffe Serotonin und Noradrenalin beteiligt sind. Serotonin sorgt für eine positive, ausgeglichene Stimmung, Noradrenalin aktiviert unsere Tatkraft. Überdies regeln B-Vitamine zu einem nicht unwesentlichen Teil unseren Stoffwechsel.

Faktoren, die uns der B-Vitamine berauben, sind häufige und einseitige Diäten, Schwangerschaft, Alkohol sowie negativer Stress. Ausgleichen können Sie die Versorgung des Körpers mit B-Vitaminen besonders gut durch Getreide, Käse, Milch, Hülsenfrüchte, Innereien, Bananen und Hefe. Als Tagesdosis der wichtigsten B-Vitamine wird empfohlen: 1-2 mg B1 (Thiamin), 1–2 mg B2 (Riboflavin), 15-20 mg B3 (Niacin), 10-15 mg B5 (Pantothensäure), 1–2 mg B6 (Pyridoxin), 500 Mikrogramm B9 (Folsäure). Eine Einzelzufuhr der Vitamine ist allerdings weder möglich noch sinnvoll. Denn sie treten immer nur zusammen auf und arbeiten auch im Team.

Die Eckpfeiler der Denkleistung sind Mineralien und Spurenelemente

Mineralien und Spurenelemente sind für den Körper äußerst wichtig. Sie besitzen eine regelnde und aufbauende Funktion und kontrollieren das Wachstum sowie verschiedene Stoffwechselvorgänge. Baustoffe sind Calcium, Phosphor und Magnesium, zu den Reglerstoffen gehören Jod, Natrium, Kalium, Eisen und Chlor. Allerdings müssen diese anorganischen Wirkstoffe dem Körper mit der Nahrung zugeführt werden. Der Organismus kann sie nicht selbst herstellen. Ein hoher Anteil an Gemüse und Vollkornprodukten bei der täglichen Ernährung sichert jedoch eine ausreichende Versorgung. Durch bestimmte Umstände kann im Mineralienhaushalt aber ein Defizit entstehen, z.B. wenn man längere Zeit im Stress ist oder durch eine chronische Krankheit. Dieser Mangel wirkt sich auch auf Denkleistung und Erinnerungsvermögen aus. Die Unterversorgung lässt sich dann oft mit einer zusätzlichen Einnahme des betreffenden Minerals wieder ausgleichen.

Eisen versorgt das Gehirn mit Sauerstoff

Im Körper hat der Mensch normalerweise bis zu sechs Gramm Eisen. Seine Hauptaufgabe ist es, Sauerstoff in die Zellen zu transportieren. Außerdem ist Eisen am Aufbau von Botenstoffen beteiligt. Ein Mangel kann daher zu Konzentrationsstörungen und verstärkter Müdigkeit führen. Weitere Symptome bei Eisenmangel sind Schwindel, Muskel- und Kopfschmerzen, Schluckbeschwerden, Leistungsabfall, Entzündungen der Mundwinkel oder Herzklopfen bei

Anstrengung. Ausdauersportler und Frauen müssen besonders auf eine eisenhaltige Ernährung achten, da sie zur Unterversorgung neigen.

Eisen wird vom Körper jedoch nur schwer aufgenommen. Zudem gehen beim Kochen von Gemüse etwa 20 Prozent des darin enthaltenen Eisens verloren. Und Genussmittel wie Kaffee, schwarzer Tee und Cola hemmen die Eisenaufnahme. Auch Getreide, Hülsenfrüchte wie Sojabohnen oder Erbsen und Milchprodukte behindern die Aufnahme. Fördernd wirken dagegen Vitamin C, Fleisch, Geflügel und Fisch.

Aber zusätzliches Eisen sollte man nicht auf eigene Faust einnehmen! Erst sollte der Arzt untersuchen, ob wirklich ein Mangel vorliegt. Denn zu viel Eisen im Körper ist nicht gesund. Es kann paradoxerweise sogar gerade die Symptome und Krankheiten hervorrufen, die sich bei einem Mangel zeigen. Die tägliche Dosis sollte bei Männern zehn Milligramm nicht übersteigen, bei Frauen 15 Milligramm. Nahrungsmittel mit besonders hohem Eisengehalt sind z. B. Thymian, Weizenkleie, Kürbiskerne, Blutwurst, Innereien (vom Schwein) und Hühnereigelb.

Zink für einen reibungslosen Stoffwechsel

Der Körper benötigt dieses Spurenelement für Wachstum und einen gut funktionierenden Stoffwechsel. Da es an der Funktion von fast jedem lebenswichtigen Körperorgan beteiligt ist, hat es eine wichtige Schlüsselfunktion im Stoffwechsel. Ein Mangel ruft u.a. erhöhte Infektanfälligkeit und Müdigkeit hervor. Um den Körper mit genügend Zink zu versorgen, ist daher eine vollwertige Ernährung wichtig. Reich an Zink sind neben Vollkornprodukten auch Fleisch,

Fisch, Meeresfrüchte, Innereien und Milchprodukte. Der tägliche Bedarf wird mit 15 Milligramm abgedeckt. Bei körperlicher Belastung und Stress steigt der Verbrauch. Die Wirkung von Zink wird durch Vitamin C optimiert.

Kalzium als Wachmacher fürs Gehirn

Müdigkeit, Gereiztheit, Schlaflosigkeit und Unruhe: All diese Symptome können uns bei einem Mangel an Kalzium quälen. Gut ein Kilo des Minerals stecken im Körper, das meiste davon in Knochen und Zähnen. Es ist der wichtigste Mineralstoff für den Menschen. Aber Aufbau und Erhalt von Knochen und Zähnen ist längst nicht seine einzige Aufgabe. Kalzium sorgt auch mit dafür, dass Nervenreize an die Muskeln weitergeleitet werden. Fehlt es, sind die Nervenimpulse gestört. Nervosität und die oben beschriebenen anderen Symptome sind die Folge. Als Tagesdosis werden zwischen 1000 und 1500 Milligramm empfohlen. Die wichtigsten Kalziumlieferanten sind Milch und Milchprodukte (besonders Käse), Bananen, Haferflocken, Eier und Nüsse.

Magnesium verringert die Anfälligkeit für Stress

Fehlt das Mineral, macht sich der Mangel durch Krämpfe bemerkbar, oft zunächst in den Waden. Er kann aber auch zu Erschöpfungszuständen, Depressionen, Muskelzittern schon bei geringer Anstrengung sowie zu Durchfällen führen. Wer sehr viel Stress hat, verbraucht viel Magnesium. Andersherum stärkt Magnesium die Nerven in stressreichen Zeiten. Auch starker Alkoholkonsum, einseitige Ernährung und hoher Fleischverzehr reduzieren den Mineralstoff. Der Tagesbedarf an Magnesium beträgt 300 Milligramm für Frauen und 350 Milligramm für Männer.

Gute Magnesium-Lieferanten sind vor allem Haferflocken, Weizenkleie, Haselnüsse, Vollkornbrot und Blattspinat.

Gedächtnis-Power auf natürlicher Basis

Für alle genannten Mineralien und Spurenelemente gilt immer, dass sie möglichst über die Nahrung aufgenommen werden sollten. Eine ergänzende Einnahme in Form von Tabletten oder Pulver sollte erst bei einem tatsächlichen Mangel erwogen werden – und dann in Absprache mit einem Arzt. Denn wenn der Körper den Mehrbedarf nicht von sich aus durch bestimmte Symptome ankündigt, benötigt er auch keine Extraportion Mineralien oder Vitamine. Futtert man sie trotzdem, kommt es schnell zur Überdosierung und den damit verbundenen Folgen.

Bei ausgewogener Ernährung jedoch reicht die Menge der Nährstoffe aus, die mit der täglichen Nahrung aufgenommen werden. Nur wer sich einseitig ernährt oder durch große Anstrengungen viel Energie verbraucht, muss besonders auf ausgleichende Kost achten. Allerdings schadet es auch nicht, wenn Sie von einem bestimmten Nahrungsmittel mehr essen, z. B. von Nüssen oder Bananen. Denn im Normalfall reguliert der Körper selbst seine Aufnahme von Gesundstoffen. Ist er ausreichend versorgt, nimmt er einige davon einfach nicht mehr auf. Eine Überversorgung wird dadurch so gut wie ausgeschlossen.

Mehr Energie und Leistung für den Kopf: Bringen Sie ihren Kreislauf auf Trab

Der Geist ist willig aber das Fleisch ist schwach – das mag so mancher denken, wenn es darum geht, Sport zu treiben. Doch so wenig wir manchmal in der Lage sind, uns zu mehr Bewegung zu motivieren, so abhängig ist die Motivation von körperlicher Fitness. Denn ohne sie läuft der Stoffwechsel im Körper langsamer ab, das Gehirn wird schlechter mit Sauerstoff und Energie versorgt und kann nicht so viel leisten.

Sport kräftigt den Körper und die Organe. Herz und Lunge arbeiten besser, der Körper wird stärker durchblutet und damit reichlicher mit Sauerstoff versorgt – auch das Gehirn. Regelmäßige Bewegung ist für eine optimale Denkleistung deshalb unerlässlich. Außerdem werden die Abwehrkräfte gestärkt. Übermäßiges Training dagegen überfordert das Immunsystem und schadet ihm. Sportliche Aktivität baut zudem Stress ab, stärkt das Selbstbewusstsein und fördert die Körperbeherrschung, wodurch ein neues Lebens- und Körpergefühl entsteht. Sportmediziner fanden auch heraus, dass Bewegung sich günstig auf das vegetative Nervensystem sowie den Hormonhaushalt auswirkt.

Weitere Unterstützung erhält das Immunsystem durch Anwendungen wie Sauna oder Kneippsche Güsse, die das Wohlgefühl fördern und für Entspannung sorgen. Das alles hat Einfluss auf unser Denken und kann letztlich eine bessere Merk- und Konzentrationsfähigkeit bewirken und uns Zusammenhänge schneller erfassen lassen.

Bewegung heißt nicht, dass Sie wie ein Spitzensportler trainieren müssen

Generell ist jede Art von Bewegung ein Gewinn für Körper und Psyche. Fürs Immunsystem und zur Steigerung der Durchblutung sind aber Ausdauersportarten die erste Wahl. Schon mäßiges Training erhöht die Aktivität der Abwehr und stärkt die Psyche. Dazu eignen sich am besten Laufen oder Joggen, Radfahren, Schwimmen, Walken und Skilanglauf. Sich zwei- bis dreimal in der Woche eine halbe Stunde bei einer dieser Sportarten zu bewegen, kann wahre Wunder wirken. Auch Ballspiele bringen den Kreislauf in Schwung und fördern geistige Beweglichkeit. Der Nachteil ist nur, dass man dazu immer einen Partner braucht, während man die anderen Sportarten allein ausüben kann. Und niemand muss wie ein Spitzensportler trainieren: Öfter mal die Treppe statt des Aufzugs zu nehmen und Kurzstrecken ohne Auto zurückzulegen ist schon ein Anfang.

Fit werden geht auch auf die sanfte Tour

Wer es lieber etwas ruhiger mag und nicht so sehr ins Schwitzen kommen möchte, kann seine Leistung auch durch Gymnastik, Yoga oder Tai Chi steigern. Sie sind als alleiniges Training ausreichend, können aber auch kombiniert werden. Zusätzlich zu einer Ausdauersportart betrieben, optimieren sie das Wohlbefinden um ein Vielfaches. Besonders Yoga und Tai Chi sind in ihrer Wirkung auf Körper und Geist nicht zu unterschätzen. Sie stellen fast eine Art Komplettprogramm dar. Die einzelnen Bewegungen fördern nicht nur die Durchblutung, sie kräftigen auch Muskeln, Bänder und

Sehnen, sorgen für eine bessere Körperhaltung und für Entspannung. Das Körpergefühl, das man durch die Übungen erhält, macht ausgeglichener und ruhiger, was wiederum für eine bessere Denkleistung sorgt.

Auf gleiche Weise können auch Entspannungsübungen wie autogenes Training oder Muskelentspannung nach Jacobson zu mehr Gelassenheit und innerer Stärke verhelfen. Im Gegensatz zu den anderen Methoden haben sie aber keinen Einfluss auf den Stoffwechsel des Gehirns. Den hat dagegen eine sehr bequeme Art und Weise der Bewegung: das Kaugummi kauen. Wer sich kurzfristig mit mehr Sauerstoff für besseres Denken versorgen möchte, kann das mit Hilfe dieser zähklebrigen Masse. Denn durch die Kieferbewegungen beim Kauen steigt sofort auch die Versorgung des Gehirns mit Sauerstoff.

Klar im Kopf und energiegeladen durch kalte Güsse und warmen Dampf

Fast jeder hat schon einmal vom Pfarrer Sebastian Kneipp gehört. Kaltes Wasser spielt die Hauptrolle seiner Therapien zur Steigerung der Abwehrkräfte und des Wohlbefindens. Es kommt zusammen mit Bewegung und Wärme bei einer Kneippkur oder bei Kneippschen Anwendungen zum Einsatz. Im Wechsel zwischen warm und kalt übt es dann starke Reize auf den Organismus aus. Das kurbelt die Selbstheilungskräfte und Sauerstoffversorgung des Gehirns an. Das Schöne an den Kneippschen Behandlungen: Man kann sie selbst zu Hause anwenden.

Gesundheit einfach aus dem Wasserhahn zapfen

Die spezielle Nutzung kalten Wassers ist eine der besten und billigsten Behandlungen zur Stärkung des gesamten Organismus. Schon die regelmäßige kurze kalte Dusche am Morgen kann ausreichend sein. Die Belohnung fürs große Zittern: Man wird munter und der Kreislauf läuft besser für einen guten Sauerstofftransport auch ins Gehirn.

Der Kältereiz kurbelt aber nicht nur den Kreislauf an, sondern macht auch die Abwehrzellen munter. Denn die Haut, unser größtes Organ, gehört zum Immunsystem. Und auch die inneren Organe werden durch die Reizung bestimmter Hautpunkte wie bei einer Akupunktur stärker durchblutet. Das sorgt für einen besseren Stoffwechsel zur Entgiftung des Körpers. Die vermehrte Durchblutung bewirkt aber noch mehr: Sie verursacht einen Wärmeeffekt, durch den das sogenannte vegetative Nervensystem angeregt oder ausgleichend beeinflusst wird.

Schweißtreibende Temperaturen halten gesund

Auch ein richtig vorgenommenes Saunabad tut Körper und Geist gut. Es entschlackt, entgiftet und entspannt, was für die Funktion unserer kleinen grauen Zellen besonders wichtig ist. Regelmäßiges Saunabaden härtet außerdem ab und schützt vor Erkältungen. Es erhöht die Zahl der natürlichen Killerzellen, die für einen schnellen Abtransport der von Viren befallenen Zellen sowie von bösartigen Körperzellen nach draußen sorgen. Saunabaden ist im Normalfall und wenn keine schweren Kreislauferkrankungen vorliegen, in jedem Alter und zu jeder Jahreszeit empfehlenswert. Nur bei insgesamt angeschlagener Gesundheit sollte vorher der Arzt dazu befragt werden.

Geistige Fitness für die grauen Zellen – mit dem richtigen Programm

Viele Menschen betreiben körperliche Fitness, der Sport hat in unserer Gesellschaft seinen festen Platz. Für zahlreiche Trainierte ist er sogar eine Art Lebenselixier. Doch kennen Sie Menschen, die geistige Fitness betreiben? Wer hält sich schon bewusst geistig beweglich und trainiert seine Intelligenz? Nehmen Sie sie nicht als selbstverständlich gegeben hin. Denn auch die Leistung unseres Kopfes lässt sich durch regelmäßiges Trainieren steigern!

Machen Sie Ihren Kopf ganz nebenbei schneller – der Alltag hilft Ihnen

Jeder von uns hat das Bild vom zerstreuten Professor vor Augen. Deshalb müssen wir eine wichtige Unterscheidung treffen zwischen Intelligenz und Gedächtnis. Denn wer intelligent ist, kann viel zerstreuter wirken als andere – weil er sich durch seine eigenen Gedanken oft ablenken lässt. Nun setzen aber die wenigsten Menschen ihre geistigen Fähigkeiten hundertprozentig ein. Oft mangelt es an Durchhaltevermögen, Konzentration und Kreativität. Das ist verständlich, denn auch unser Körper funktioniert ohne Training nicht hundertprozentig. Es wurde sogar bewiesen, dass unser Gehirn mehr regelmäßige Übungen benötigt als unser Körper, um richtig fit zu werden und zu bleiben.

Selbst der Einkauf bietet Chancen für Kopf-Übungen

Möglichkeiten, die Denkleistung auf Vordermann zu bringen, bieten sich sogar im Alltag. Sie müssen sich nur trauen, sich auf sich selbst zu verlassen. Beispiel Einkaufen: Notieren Sie Dinge, die Sie besorgen wollen, auf einem Zettel? Dann lassen Sie den doch mal zu Hause. Prägen Sie sich ein, was Sie benötigen und gehen Sie ohne die Gedächtnisstütze los. Ist Ihnen das beim Großeinkauf fürs erste Mal zu riskant, beschränken Sie sich auf wenige Dinge beim nächsten kleinen Einkauf. Sind Sie einigermaßen sicher, üben Sie, längere Listen im Kopf zu behalten. Ebenso sollten Sie es mit anderen Dingen halten, die Sie noch erledigen müssen: Schreiben Sie nicht alles auf! Legen Sie es bewusst darauf an, sich an etwas erinnern zu müssen. Je mehr Sie notieren, desto mehr verlassen Sie sich auf das „Ersatzgedächtnis Zettel" – und Ihr eigenes verkümmert. Doch nicht nur das Gedächtnis ist in Gefahr.

Überlassen Sie das Denken nicht anderen

Kleine Hilfsmittel nehmen uns im Alltag zwar eine Menge Arbeit ab. Verlassen wir uns aber zu sehr auf sie, nehmen sie uns auch noch etwas anderes ab: die Fähigkeit des Denkens. Und das lässt die Leistungskraft unseres Gehirns ernsthaft schrumpfen. Wer seine Nervenbahnen nicht mit neuen Impulsen versorgt, muss sich also nicht wundern, wenn sie bei der Reaktivierung langsam anlaufen oder den Dienst ganz quittieren. Beispiel Rechnen: Taschenrechner bekommt man heute schon für einen Spottpreis. Oft enthalten auch irgendwelche Computer eine Rechenfunktion. Selbst rechnen muss niemand mehr. Das aber verleitet dazu, sogar kleinere Aufgaben nicht im Kopf oder auf dem

Papier zu rechnen, sondern sie stattdessen in die Maschine zu tippen. Besser wäre es, sein Gehirn für die Lösung zu bemühen. Deshalb: Lassen Sie den Rechner liegen, wenn Sie Zahlen zu addieren, subtrahieren, multiplizieren oder zu teilen haben. Nehmen Sie Bleistift und Papier oder noch besser, wenn die Aufgabe nicht zu kompliziert ist, den Kopf.

Füttern Sie Ihre Phantasie bei jeder Gelegenheit

Computer und andere Unterhaltungselektronik, allen voran das Fernsehen, sorgen außerdem für eine Abnahme der Phantasie. Denn durch die Berieselung wird dem Gehirn die Aufgabe abgenommen, selbst kreativ tätig zu werden. Bei erhöhtem Fernsehkonsum sinkt deshalb die Fähigkeit zur Phantasie und Kreativität. Das heißt, es fällt uns schwerer, eigene Ideen zu entwickeln und Lösungen zu finden. Das kann man unter anderem durch das Lesen von Büchern trainieren: Beim Lesen bastelt sich das Gehirn automatisch seine eigene Vorstellung zum Text, produziert eigene Bilder zu der Geschichte. Nebenbei schult das Lesen auch noch die sprachlichen Fähigkeiten. Betrachten Sie auch Ihre Umgebung aufmerksam und schärfen Sie Ihren Verstand für Unterschiede. Lassen Sie Eindrücke auf sich wirken und Ihre Gedanken schweifen. Scheuen Sie sich nicht vor spontanen Einfällen und „verrückten Ideen".

Lassen Sie sich nicht von der Routine regieren

Immer dasselbe zu machen, dieselben Wege zu gehen und Gewohnheiten zu pflegen ist in gewisser Weise nützlich. Es hilft uns, den Alltag leichter zu bewältigen, vor allem dann, wenn wir keine Zeit dazu haben, uns mit langen Überlegungen aufzuhalten. Andererseits tut es unserem Gehirn nicht gut. Denn die Routine lässt es nur noch funktionieren – ohne zu denken. Jeweils benötigte Funktionen werden automatisch abgerufen. Aber das ist keine Herausforderung für die kleinen grauen Zellen. Also mummeln sie sich ein und versagen den Dienst. Denn nur, wenn sie gefordert werden, fühlen sie sich wohl. Und dazu muss man ihnen Abwechslung und neue Eindrücke bieten. Dann bilden sich sogar neue Nervenbahnen. Verlassen Sie also öfter mal die altvertrauten Wege und probieren Sie Neues aus. Erledigen Sie Dinge bewusst anders als sonst, z. B. etwas zuletzt, das Sie sonst zuerst machen. Krempeln Sie Ihren Tagesablauf um, machen Sie neue Erfahrungen. Es wird Ihren Geist aufmöbeln und auf Trab bringen.

Mit allen Sinnen leben und lernen

Neues erfahren wir über unsere fünf Sinne (Sehen, Riechen, Hören, Schmecken, Tasten). Sie vermitteln uns die Eindrücke von der Welt, in der wir leben. Es wäre also klug, sie auch zu nutzen – bewusst. Denn das trainiert unser Gehirn. Versuchen Sie es. Legen Sie sich beispielsweise auf den Boden, schließen Sie die Augen und beschreiben Sie, wie sich der Untergrund anfühlt. Oder setzen Sie sich in ein Café, schließen Sie für einen Moment die Augen und achten Sie auf die unterschiedlichen Geräusche, die Sie wahrnehmen (das können Sie auch an jedem anderen Ort machen). Sind Sie Rechtshänder, machen Sie mal alles mit der linken Hand, egal ob Flaschen öffnen, Haare kämmen oder Zähne putzen. Oder versuchen Sie mal, Obst, Gemüse und Kräuter an ihrem Geruch zu erkennen. Durch solche Übungen werden die jeweils zuständigen Nervenbahnen trainiert und in ihrer Reaktion schneller.

Voraussetzungen für ein erfolgreiches Gedächtnis-Training

Für die Aufgaben in diesem Buch gilt: Fangen Sie zunächst langsam an, wärmen Sie sich sozusagen erst einmal auf, und steigern Sie sich dann. Bearbeiten Sie eine Aufgabe nicht zwanghaft so lange, bis sie klappt. Brechen Sie sie ab, wenn Sie nicht weiterkommen. Machen Sie die Übung zu einem späteren Zeitpunkt noch einmal. Schließlich würden Sie auch nicht versuchen, 5 000 Meter in Ihrer ersten Trainingsstunde zu laufen, oder? Und noch ein Tipp: Schlagen Sie nicht sofort die Lösung nach! Seien Sie ehrlich zu sich selbst. Es geht Ihnen doch darum, Ihren Geist zu trainieren und nicht darum, jede Aufgabe sofort und in Rekordtempo zu lösen. Nehmen Sie sich für das Training bewusst Zeit, machen Sie die Übungen nicht nebenbei, z. B. vor dem TV-Gerät oder beim Essen. Denn wenn Sie abgelenkt sind, verringert sich Ihre Konzentrationsfähigkeit drastisch und die Arbeit mit den Übungen wird sinnlos.

Setzen Sie sich nicht unter Druck

Finden Sie außerdem Ihren persönlichen Trainings-Rhythmus und halten Sie diesen ein. Jedes Training, ob für den Körper oder für den Geist, sollte auch Spaß bringen. Verrennen Sie sich also nicht in schwierigen Übungen, sondern versuchen Sie, spielerisch zu arbeiten. Verschieben Sie schwierige Übungen auf einen späteren Zeitpunkt und starten Sie zunächst mit den leichteren Aufgaben. Wenn Sie Spaß haben und Erfolge erzielen, verringert sich die Gefahr, dass Sie Ihr Training abbrechen. Ähnlich wie bei der körperlichen Fitness: Wenn die Kondition wächst, der Körper straffer wird und ein paar Pfunde purzeln, macht das Training mehr Spaß. Dann erst sollte man sein Pensum steigern.

Trainieren Sie nach Plan

Gehen Sie so auch bei Ihrem geistigen Fitnessprogramm vor, steigern Sie langsam Ihren Leistungsgrad. Bearbeiten Sie schrittweise auch die schwierigeren Übungen. Sie werden Sie immer leichter bewältigen. In folgenden Bereichen werden Sie Fortschritte erzielen:

- sprachliche, rechnerische und praktische Intelligenz,
- logisches Denken,
- Urteilsfähigkeit,
- Einfallsreichtum, Produktivität,
- Konzentrationsvermögen,
- Aufmerksamkeit, Interesse, Teilnahme,
- Merkfähigkeit, Erinnerungsvermögen,
- Ausdauer, Beharrlichkeit, Beständigkeit, Geduld,
- Zielstrebigkeit, Entschlossenheit und Stärke.

Das Ergebnis Ihres Trainings ist abhängig von der Regelmäßigkeit, mit der Sie einzelne Übungen machen und nicht vom Erfolg der jeweiligen Übung!

Arbeiten Sie dieses Buch nicht der Reihe nach durch

Mit diesem Buch erhalten Sie eine Vielzahl unterschiedlicher Übungen. Doch diese sollten Sie nicht der Reihe nach durcharbeiten. Sinnvoller ist es, Sie setzen sich Ihr Programm nach dem Baukasten-Prinzip zusammen. Der erste Schritt ist die Aufstellung eines individuellen Trainingsplans. Den sollten Sie zunächst nur für eine Woche festlegen. Wichtig ist vor allem, dass Sie sich nicht überfordern. Beginnen Sie langsam, ganz nach Ihrem Rhythmus. Denn nur Sie wissen, wie viel Sie sich täglich oder wöchentlich zumuten können. Erst, wenn Sie das Gefühl haben, mit den Aufgaben unterfordert zu sein oder Lust auf mehr bekommen, sollten Sie das Pensum steigern. Deshalb wäre es auch falsch, dieses Buch Seite für Seite durchzuarbeiten oder sich an feste Übungspläne zu halten, wie sie manchmal für das Gedächtnistraining vorgegeben werden. Denn da ist es unmöglich, individuelle Stärken und Schwächen zu berücksichtigen. Eine Unterforderung aber macht den Trainingseffekt ebenso zunichte wie eine Überforderung.

Sie bestimmen das Tempo und die Übungen

Am besten suchen Sie sich aus den einzelnen Kapiteln jeweils eine Übung heraus und kombinieren Sie diese mit weiteren Übungen aus anderen Kapiteln. Pro Tag sollten Sie anfangs nur wenige Übungen vorsehen, schon drei können genügen. Besteht eine Übung aus mehreren Aufgaben, wählen Sie für Ihr ganz persönliches Tagesprogramm maximal drei dieser Aufgaben pro Trainingseinheit aus.

Auch wenn Ihnen bei der Zusammenstellung Ihrer Tagesprogramme bestimmte Übungen sympathischer sind als andere: Eine gute Mischung von Aufgaben aus allen Bereichen schult die geistige Beweglichkeit viel besser! Stellen Sie sich weitere Tagesprogramme jeweils wochenweise zusammen. Der Schwierigkeitsgrad einzelner Übungen (z. B. durch eine Erhöhung der Kartenanzahl bei den Übungen mit Karten) lässt sich dann ganz individuell steigern.

Um Ihnen den Einstieg zu erleichtern und zu zeigen, wie die einzelnen Übungen zu kombinieren sind, finden Sie jeweils sieben ausgearbeitete Tagesprogramme mit unterschiedlichen Schwierigkeitsgraden im Anhang dieses Buches. Testen Sie zunächst am besten die mit der geringeren Schwierigkeit – so finden Sie sofort zu dem Pensum, mit dem Sie einsteigen und am effektivsten trainieren können.

Mit ein paar kleinen Tricks geht es leichter

Machen Sie die Übungen (ausgenommen die für zwischendurch mit den Autokennzeichen) immer zur selben Zeit am selben Ort. Das Gehirn stellt sich dann darauf ein. So müssen Sie sich nicht jedes Mal aufs Neue überwinden. Suchen Sie sich dazu einen Platz, an dem Sie sich wohl fühlen. Wer entspannt ist, lernt besser. Und: Das Gehirn speichert besser, was man leise vor sich hin sagt.

„Schlau" wie ein Gedächtniskünstler – das können Sie auch!

In TV-Shows werden sie uns besonders gern vorgeführt, die Genies mit dem Gedächtnis z. B. für lange Zahlenketten. Wie machen die das bloß, fragt man sich dann immer, ich könnte das nicht. Falsch! Sie können es. Denn diese vermeintlichen Gehirnakrobaten kochen auch nur mit Wasser, sprich: sie arbeiten mit Tricks. Allerdings sind das keine, derer sie sich schämen müssten, weil sie damit ein nicht vorhandenes Können vorspiegeln. Das Können ist schon da – nur erhält es Unterstützung.

Denn es gibt eine spezielle Methoden, sich Zahlen, Namen und andere Informationen besser einprägen zu können, Memotechniken genannt. Sie dienen dem Verstand sozusagen als Vehikel zur leichteren Speicherfähigkeit. Und jede dieser Methoden kann jeder erlernen – auch noch im hohen Alter. Klappt es nicht gleich auf Anhieb mit der Anwendung, nicht verzagen: Übung macht auch hier den Meister!

Gutes Zahlengedächtnis mit Memotechniken

Egal, ob die Geheimnummern für unsere Geldkarten und Handys, Telefonnummern oder Geburtstage: Täglich haben wir es mit wichtigen Zahlen zu tun. Leider gehören sie zu den Dingen, die man am schnellsten vergisst. Das kann zu ziemlich unangenehmen Situationen führen.

Um denen zu entgehen, braucht es nur einen kleinen Trick, mit dem sich Zahlen besser einprägen lassen. Und davon gibt es viele. Alle ordnen der Zahl eine bestimmte Bedeutung oder einen Sinn zu. Denn das kann das Gehirn besser speichern als die abstrakte Zahl. Also fällt auch das Erinnern an die Ziffernfolge leichter.

Eine Möglichkeit, sich Nummern besser einprägen zu können, besteht in der Verknüpfung verschiedener Zahlen miteinander. Lautet die Nummer z. B. 1326, kann man sich merken, dass die ersten beiden Zahlen (13) die Hälfte der zweiten (26) sind.

Oder man kombiniert die Zahl mit einem wichtigen Datum oder anderen Daten, die man sich schon mal eingeprägt hat (Geburtstag, Hochzeitstag, Kontonummer). Das Datum, welches uns als Gedächtnisstütze dienen soll, kann auch verdreht sein, z. B. 1224 für Weihnachten.

Eine andere Methode ist es, jede Zahl mit einem Wort zu verbinden und daraus eine Geschichte zu bilden. Für die Zahl 1708 könnte die lauten: „Ein (1) Sieb (7) liegt auf der leeren (0) Yacht (8)." Für die Eins kann auch eine Kerze stehen, ein Turm oder ein Einhorn, für eine Zwei ein Schwan oder Zwillinge. Finden Sie Ihre eigenen Symbole, mit denen Sie die Zahlen am besten verbinden können. Dann behalten Sie sie besser.

Wer Musik liebt und rhythmisch veranlagt ist, kann Zahlen auch in kleinen Gruppen bündeln und der Zahlenfolge einen Rhythmus und eine unterschiedliche Tonhöhe geben. Probieren Sie es einfach mal aus, indem Sie eine mit solchen Eselsbrücken versehene Zahlenreihe leise vor sich hin summen.

Schlechtes Namengedächtnis – auch da gibt es Tricks

Besonders peinlich ist es immer, wenn man jemanden trifft und ihn nicht mit Namen begrüßen kann, weil man den vergessen hat. Das aber kann jedem passieren, denn manche Namen sind in Kombination mit ihrem Träger einfach schwer zu behalten. Das liegt daran, dass unser Gehirn Bilder besser abspeichert, man zu einigen Namen aber partout keine bildhaften Assoziationen hat.

Natürlich ist für die Speicherfreudigkeit unseres Gedächtnisses auch entscheidend, welche Rolle die Träger der jeweiligen Namen in unserem Leben gespielt haben. An den Namen des Ex-Chefs werden wir uns eher erinnern als an den des Freundes der Nachbarn, der uns nur einmal kurz vorgestellt worden ist. Auch wenn das erst vor kurzer Zeit war: Wundern Sie sich nicht, wenn sie den Freund der Nachbarn nicht mit Namen ansprechen können, obwohl sie doch noch ganz genau alle Namen Ihrer Sandkasten-Freunde wissen. Die nämlich sind im fast unauslöschlichen Langzeitgedächtnis gespeichert. Doch mit dem Trick der bildhaften Assoziation lassen sich auch andere merken.

Zu Müller, Fischer, Maler, Winter oder Fuchs fällt einem leicht ein Bild ein. Den Namen Pflaume wird man schon wegen seiner Kuriosität nicht vergessen. Und bei Lampe kommt einem schnell Meister Lampe, der Hase, in den Sinn.

Doch auch die meisten anderen Namen haben irgendein Element, zu dem man sich etwas vorstellen kann: Spranger kann zu Springer werden, Korthals zu Kurzhals und Schöning zu Schönling. Schwierig wird es bei Namen wie Thomsen, Johnson, Jessen, Schröder oder Jansen. Dann muss man assoziative Brücken bauen.

Wer eine Neigung zur englischen Sprache hat, kann aus Thomsen Thompson machen, der Männername John erinnert an Johnson. Auch Prominente können hilfreich sein: Bei Jessen hilft die Westernlegende Jesse James, bei Schröder der ehemalige Bundeskanzler Gerhard Schröder oder der Klavier spielende kleine Junge Schröder aus den „Peanuts"-Comics. Noch hilfreicher ist es, wenn man jemanden mit demselben Namen kennt oder kannte, z. B. wenn man in der Schule einen Lehrer namens Jansen hatte. Solche Assoziationen sind besonders hilfreich, da schon eine Verbindung zu etwas Bekanntem besteht.

Haben Sie eine Person gerade erst kennen gelernt, sollten Sie diese im Gespräch so oft wie möglich öfter mit deren Namen anreden. Dann prägt sich der Name sofort und ganz nebenbei ein – und zwar gleich in Kombination mit dem Aussehen der anderen Person.

Organisierter Alltag

Meist sind es die Kleinigkeiten, die wir vergessen: Plötzlich erinnern wir uns nicht mehr, wo wir den Schlüssel hingelegt haben. Wir lassen eine Jacke wochenlang in der Reinigung hängen, und selbst wenn wir sie im Schrank vermissen, fällt uns nicht sofort ein, wo wir sie zu suchen haben. Oder wir vergessen über mehrere Tage, zum Feierabend noch schnell Filtertüten einzukaufen – obwohl wir uns doch an jedem Morgen über den deshalb ausgefallenen Frühstückskaffee geärgert haben. Und all das passiert auch noch ausgerechnet immer dann, wenn wir im größten Stress sind. Aber das ist kein Wunder, denn gerade dann sind wir ja auf andere Dinge fixiert, die uns ständig durch den Kopf gehen. Dadurch wird alles andere überlagert und ausgeblendet.

Wer sich erinnern will, benötigt also vor allem Konzentration. Was nebenbei erledigt wird, verschwindet aus dem Gedächtnis. Aber Bilder haben die Chance, hängen zu bleiben. Denn die liebt unser Gedächtnis. Stellen Sie sich deshalb häufiger mal etwas bildhaft vor. Und zwar das, was Ihnen wichtig ist und was Sie auf keinen Fall vergessen wollen oder dürfen.

Sie brauchen unbedingt Filtertüten und wollen die nach der Arbeit besorgen? Stellen Sie sich den Kauf schon morgens beim Frühstück vor. Sehen Sie vor Ihrem inneren Auge, wie zum Supermarkt fahren, die Filtertüten nehmen und sie an der Kasse bezahlen. Ebenso machen Sie es, wenn Sie noch etwas z. B. aus der Reinigung abholen müssen. Stellen Sie sich vor, wie Sie den Abholabschnitt auf den Tresen des Geschäfts legen und Ihnen das Kleidungsstück ausgehändigt wird. Sie intensivieren den Effekt, wenn sie sich den Vorgang öfter vorstellen. Denn das Visualisieren verankert die Gedanken in unserem Gedächtnis.

Für die ewige Suche nach dem Schlüssel gibt es eine andere Lösung: Legen Sie ihn einfach immer an einem festen Platz ab. Das gilt auch für andere wichtige Dinge, die immer zur Hand sein müssen. Und wenn Sie selbst den Ablageplatz anfangs noch vergessen: Benutzen Sie ihn weiter regelmäßig, dann prägt er sich Ihnen ein.

Reden Sie sich doch mal selbst etwas ein

Jeder hat wohl schon mal den Satz zu hören bekommen „Das redest du dir nur ein". Meistens dann, wenn man von einem Gedanken wie besessen war. Diese kreative Energie – denn um nichts anderes handelt es sich dabei – kann man sich auch beim Erinnern zu Nutze machen.

Zwar fällt es leichter, sich Dinge einzureden, zu denen man eine emotionale Verbindung hat. Aber man kann sich auch auf etwas programmieren, das man nicht vergessen will. Denn was man immer wieder hört, übernimmt das Gehirn irgendwann als wahre Aussage und speichert es ab. Wer z. B. immer wieder für eine bestimmte Sache gelobt wird, glaubt am Ende tatsächlich, sie gut zu beherrschen.

Für das Gedächtnis bedeutet das: Wer sich immer wieder vorsagt, was er nicht vergessen will, erinnert sich tatsächlich besser daran. Wenn z. B. jemand Geburtstag hat, Sie ihn aber erst abends anrufen wollen oder können, sagen Sie sich in Gedanken immer wieder „.... heute Abend anrufen" oder „.... hat heute Geburtstag". Der Merkeffekt wird verstärkt, wenn man das, was man sich einprägen will, laut ausspricht. Denn durch das Hören wird das Erinnerungsvermögen zusätzlich unterstützt. Deshalb auch wird Schülern beigebracht, dass beim Üben z. B. von Gedichten unbedingt der Text laut aufgesagt werden sollte. Das geht natürlich nicht überall. Aber es genügt schon, wenn Sie sich etwas in einem unbeobachteten Moment einige Male laut „einreden" und es danach mehrfach leise wiederholen.

Unser Gehirn speichert gern Ungewöhnliches

Absurde Geschichten prägen sich unserem Gehirn erstaunlich schnell und besonders intensiv ein. Deshalb erinnern wir uns so gut an sie. Diese Zusammenhänge kennen natürlich auch Gedächtnis-Künstler. Sie nutzen diese Erinnerungstechnik, um Dinge, die sie nicht vergessen wollen, mit einem Ort zu kombinieren. Je ausgefallener die Kombination ist, desto größer wird die Erinnerungschance. Diese Technik wird „Visualisieren" genannt.

Unser Gehirn macht so etwas automatisch mit intensiven und eindrucksvollen Situationen. Es merkt sich z. B., wo wir über einen Stein gestolpert sind, wo man etwas besonders Schönes erlebt hat oder wo man mal besonders unfair behandelt worden ist. Denn das alles sind herausragende Ereignisse, die sich im Gehirn festsetzen. Und genauso ist es mit allen ungewöhnliche Situationen.

Wurst im Briefkasten und Butter in der Badewanne

Besonders gut lässt sich diese Eigenschaft unseres Gehirns im Alltag für den Einkaufszettel nutzen. Kombinieren Sie dazu vertraute Orte mit den Waren, die Sie unbedingt besorgen wollen. Platzieren Sie in Ihrer Wohnung mal die einzukaufenden Gegenstände gedanklich dort, wo sie absolut nicht hingehören: Die Butter liegt in der Badewanne, die Wurst steckt im Briefkasten, die Spaghetti hängen vor dem Fernseher. Je merkwürdiger oder auch verrückter die Verbindung der Gegenstände ist, desto extremer sind die Bilder, die dadurch entstehen. Und desto besser prägen sie sich Ihnen ein. Lassen Sie Ihrer Phantasie also freien Lauf, je verrückter, desto besser.

Stehen Sie im Laden, rufen Sie sich die Bilder in Erinnerung. Sie sehen die mit Butter verschmierte Badewanne, den mit Spaghetti behängten Fernseher, den mit Wurst verstopften Briefkasten. Solche Bilder wird man nicht so leicht vergessen. Den Einkaufszettel dagegen schon eher.

Hilfe beim Einkauf: Bilder aneinander reihen

Eine andere Visualisierungstechnik, die den Einkaufszettel ebenso überflüssig machen kann, bildet Gruppen aus den zu kaufenden Waren. So lassen sie sich einfacher wieder aus der Erinnerung abrufen. Diese Technik lässt sich natürlich auch auf andere Bereiche anwenden. Man kann sie überall dort einsetzen, wo es möglich ist, zusammenzufassen oder Geschichten zu bilden. Auch hier ist wieder Absurdität gefragt. Je schräger, desto besser.

Beispiel Einkaufszettel: Benötigt werden Butter, Eier, Mehl, Sahne, Zucker, Backpulver, Äpfel, Bananen, eine Mango, Kaffee und Spülmittel. Daraus lassen sich zwei Gruppen bilden: eine mit Backzutaten und die andere mit Obst. Die kann man nun zu zwei Bildern verdichten. Die Backzutaten bilden dabei einen Kuchen oder eine Torte, das Obst einen bunten Obstsalat, eine Obstschale oder einen Früchtekorb. Den Kaffee stellt man sich zum Kuchen vor, auf einem gedeckten Tisch. Darauf befindet sich auch die Obstschale. Das Spülmittel wäscht dann hinterher das Geschirr der Kaffeetafel wieder sauber.

Praktische Erfahrungen bei unseren Übungen

Das Wichtigste am erfolgreichen Visualisieren ist immer, sich die Dinge vorzustellen. Es genügt also nicht, einen kurzen Gedanken daran durch den Kopf gehen zu lassen. Denn die Bilder sind die Materie, mit der das Gehirn arbeitet.

Dann lassen sich auch andere Dinge aus ganz unterschiedlichen Bereichen miteinander verbinden. Im Grunde macht diese Technik nichts anderes, als mit vorgegebenen Begriffen eine verrückte Geschichte zu erfinden. Damit trainieren Sie dann ganz nebenbei auch noch Ihre Phantasie.

Gut ausprobieren können Sie das z. B. bei der Übung „Deutschlandtour" auf Seite 44. Angenommen, Sie wollen sich die Städtereihenfolge Berlin, Hamburg, München und Köln merken, dann bieten Sie Ihrem Gedächtnis dazu die folgende Geschichte an: „Ein Berliner Pfannkuchen liegt auf der Hamburger Reeperbahn und ein Münchner in bayerischer Tracht rutscht darauf aus, deshalb muss er nun in zerrissener Hose im Kölner Dom beten." Diese Bildergeschichte speichert Ihr Gedächtnis viel schneller und sicherer als die bloße Aufzählung der Städtenamen. Und so können Sie Bilder mit fast allem verknüpfen – genauso wie es die Gedächtnis-Genies machen, die wir bisher immer im Fernsehen bestaunt haben. Aber nun kennen Sie ja deren Tricks und können sogar selbst damit arbeiten und sie im Alltag für sich selbst nutzen.

Ein starker Geist kennt keine Ablenkung und vergisst nichts

Wir leben in einer Zeit der Reizüberflutung. Täglich wird unsere Konzentration auf die Probe gestellt und unser Gedächtnis mit neuen Informationen gespeist. Wer da nicht seinen Geist fit hält, ist schnell überfordert. Aber mit gezieltem Training kann man die Fähigkeit, sich zu konzentrieren und sich an Dinge zu erinnern, sehr wirkungsvoll steigern. Die Aufgaben dieses Kapitels sollen Ihnen dabei helfen, dem mentalen Alltagsstress ein Schnippchen zu schlagen.

Die Welt um sich herum ausblenden – stärken Sie Ihre Konzentrationsfähigkeit

Niemand kann auf zwei Hochzeiten gleichzeitig tanzen. Das trifft auch auf unser Gehirn zu. Es ist zwar möglich, zwei oder drei Dinge auf einmal zu tun. Doch die müssen vertraut und in ihrem Ablauf bekannt sein. Dann kann das Gehirn sie nahezu nebenbei erledigen. Fehlt aber bei einer unbekannten Aufgabe die Aufmerksamkeit, fällt es schwer, sie zu bewältigen. Doch Konzentration lässt sich üben.

Übung „Rückwärts lesen"

Ein anspruchsvolles Buch oder einen komplizierten Artikel in der Zeitung zu lesen erfordert Aufmerksamkeit. Wer viel liest, trainiert deshalb auch seine Konzentrationsfähigkeit.

Als Übung bietet sich vor allem Rückwärtslesen an. Lesen Sie den folgenden Text im Rahmen (beginnend am Ende der ersten Zeile) so schnell Sie können. Stoppen Sie die Zeit und versuchen Sie, beim nächsten Mal schneller zu sein.

> Kranken Katzen eine Pille zu verabreichen ist nicht leicht.
> Pur schluckt die Tiere die Medizin nicht. Und versteckt man
> sie in einem Leckerli (Tunfisch, Hackfleisch, Leberwurst),
> merkt der Stubentiger das sofort, spuckt die Tablette wie-
> der aus. Da hilft nur ein Trick: Katzen sind sehr reinliche
> Tiere. Alles, was auf ihrem Fell landet, versuchen sie durch
> Ablecken zu entfernen. Zerbröselt man Miezes Pille und
> verrührt die Medizin mit etwas Butter oder Margarine, wird
> sie streichfähig. Dann kann man sie auf das Vorderbein des
> Tieres auftragen. Effekt: Die Katze leckt das Gemisch ab,
> die Tablette landet in ihrem Magen.

Übung „Weltreise“

Wenn einer eine Reise macht, bekommt er viel zu sehen. Und danach kann ihm da ganz schön der Kopf schwirren: In welchem Land gab es zum Frühstück Croissants? Wo trugen die Frauen Flamencokleider? Ihre Aufgabe ist es, die passenden Symbole zu den jeweiligen Ländern zu legen.

Schneiden Sie dazu die vier Tafeln mit den Ländersymbolen entlang der Linien in jeweils zehn gleich große Karten. Drehen Sie die Karten um, mischen Sie sie und breiten Sie sie umgedreht auf einem Tisch aus. Decken Sie dann eine beliebige Karte auf und finden Sie weitere, dazu passende Karten. Passt die zweite aufgedeckte Karte nicht zur ersten, drehen Sie beide wieder um. Passt sie, bleiben beide offen liegen und Sie suchen nach der nächsten dazugehörigen Karte. Bei jeder nicht passenden Karte werden alle bisher aufgedeckten wieder umgedreht. Setzen Sie das so lange fort, bis Sie am Ende acht Länderkarten mit fünf zugehörigen Symbolen aussortiert haben. Ob alles richtig ist, können sie bei den Lösungen im Anhang überprüfen.

Wichtig für das spätere erneute Sortieren: Alle zu diesem Spiel gehörenden Karten haben ein kleines Dreieck in der unteren rechten Ecke.

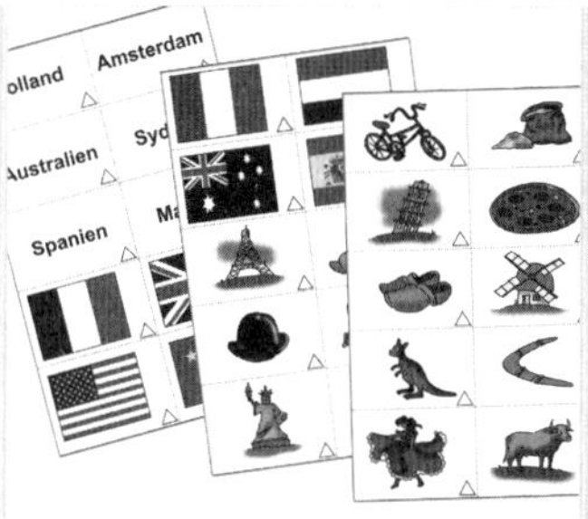

Für die Übung „Weltreise" benötigen Sie z. B. diese Karten

Übung „Farbenrausch"

Schneiden Sie zunächst die jeweils sechs Farbkarten der sechs Farbtafeln entlang der Linien aus. Legen Sie die Farben waagerecht und senkrecht so zu einem Rechteck (sechs waagerechte und sechs senkrechte Reihen) aneinander, dass jede Farbe nur einmal pro Reihe vorkommt. Gleiche Farben dürfen sich an ihren Seiten nicht berühren!

Die Übung ist beliebig variierbar. Probieren Sie immer wieder neue Legemöglichkeiten. Gelingt dies ohne

Probleme, wechseln Sie zur schwierigeren Variante: Gleiche Farben dürfen gar nicht aneinander stoßen, auch nicht diagonal, also über Eck in den schräg verlaufenden Reihen.

Für die Übung „Farbenrausch" benötigen Sie z. B. diese Karten

Übung „Deutschlandtour"

Stellen Sie sich doch einfach mal vor, eine Künstleragentur plant die Tourneen ihrer Stars. Sie sollen möglichst flächendeckend über ganz Deutschland verteilt und nie in denselben Städten auftreten – einige Stars kommen nämlich nicht so gut miteinander aus. Ihre Aufgabe ist es nun, die entsprechenden Touren zusammenzustellen!

Schneiden Sie dazu die fünf Tafeln mit den jeweils zehn Ortsschildern den Linien entlang auseinander. Kombinieren Sie dann die Orte auf den Karten zu Reiserouten. Fangen Sie dabei erst mit wenigen Orten an und steigern Sie die Länge der Routen allmählich.

Beginnen Sie zunächst mit zweimal fünf Routen zu jeweils fünf Orten. Prägen Sie sich diese ersten fünf Routen nacheinander etwa zwei Minuten lang ein und drehen Sie die Karten um. Lassen Sie eine Minute verstreichen und notieren Sie dann die Orte, an die Sie sich erinnern. Ebenso verfahren Sie mit den anderen fünf Routen.

Planen Sie dann Routen mit mehr Orten, z. B. sechs Routen, von denen drei sieben Ziele haben, zwei zehn und eine neun. Sie können beliebig viele Orte kombinieren und Routen erstellen. Das Grundprinzip bleibt immer gleich: Prägen Sie sich die Karten einige Minuten lang ein, drehen Sie die Karten um und notieren Sie nach kurzer Pause, an welchen Orten welcher Künstler gastiert.

Das Ziel dieser Übung ist es am Ende, sich alle 50 Orte auf einmal und in der richtigen Reihenfolge merken zu können.

Für die Übung „Deutschlandtour" benötigen Sie z. B. diese Karten

Je häufiger Sie die Übung „Deutschlandtour" machen, desto wichtiger wird die richtige Reihenfolge der Karten. Denn nach ein paar Wochen hat man sich die 50 Orte meist eingeprägt – aber die Reihenfolge kann ständig wechseln.

Endlich keine kleinen Zettel mehr benutzen – so stärken Sie Ihr Gedächtnis

Sie sind praktisch, diese kleinen gelben Haftnotiz-Zettel. Aber wenn sie bereits die halbe Wohnung verzieren und man vor lauter Zetteln den jeweils wichtigen schon übersieht, sollte man sich doch langsam Gedanken machen. Dann braucht das eigene Gedächtnis dringend eine Frischekur. Denn wer sich auf Zettel statt auf seine Geisteskraft verlässt, trägt zu deren weiteren Verlust bei. Obwohl man dem ganz leicht vorbeugen kann. Und das nicht nur, indem man auf Erinnerungszettel verzichtet. Regelmäßiges Gedächtnistraining mit speziellen Übungen hilft ebenso.

Übung „Zwillinge finden"

Für die Übung „Zwillinge finden" benötigen Sie z. B. diese Karten

Hierfür benötigen Sie die Karten mit dem Kreis in der unteren rechten Ecke sowie den zweiten Satz Karten mit dem doppelten Kreis in der Ecke. Mischen Sie diese insgesamt 60 Karten gut durch und legen Sie sie dann verdeckt auf den Tisch zu einem Quadrat. Nun gilt es, passende Paare aus jeweils zwei gleichen Karten zu finden.

Decken Sie eine Karte auf und dazu eine zweite. Zeigen Sie beide das gleiche Bild, legen Sie die Karten zur Seite. Zeigen Sie unterschiedliche Motive, drehen Sie beide wieder um und decken zwei neue Karten auf. Merken Sie sich, was auf den Karten, die Sie wieder umgedreht haben, zu sehen war und wo sie liegen. Dann können Sie sie aufdecken und aussortieren, wenn Ihnen der Zwilling dazu in die Hände fällt. Ziel ist, alle Karten aufzudecken und auszusortieren, so dass keine liegen bleibt.

Übung „Modenschau"

Für die Übung „Modenschau" benötigen Sie z. B. diese Karten

Luisa, Paula, Petra, Laura, Bella und Tina sind Mannequins. Auf einer Modenschau schreitet jede von ihnen mehrmals über den Laufsteg, um verschiedene Kleider zu präsentieren. Ihre Aufgabe ist es nun, Designer zu spielen und neue Kombinationen für die drei Mannequins zu entwerfen, also deren Kleidung neu zusammenzustellen.

Schneiden Sie dazu die drei Figuren-Tafeln mit den jeweils zehn Feldern an den Linien auseinander. Legen Sie die Teile zu neuen, farblich bunt gemischten Figuren zusammen. Verdecken Sie sie. Erinnern Sie sich, wer was trägt, und schreiben Sie es auf. Beginnen Sie mit zwei bunten Figuren und steigern Sie dann die Personenzahl, bis Sie alle sechs Figuren und die Farbe ihres Hutes, Oberteils, Unterteils und der Schuhe aus der Erinnerung beschreiben können.

Übung „Stadtbummel"

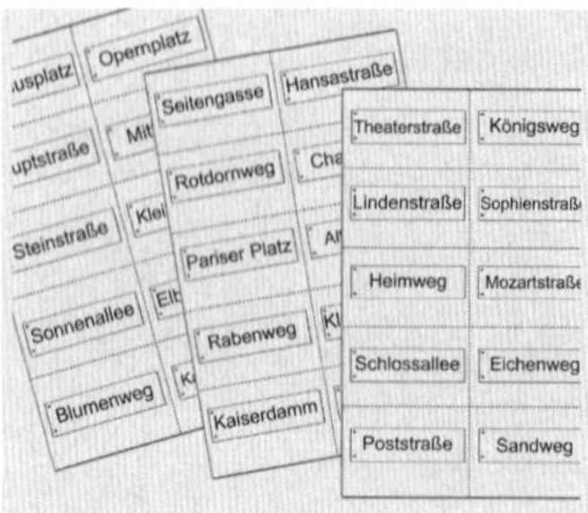

Für die Übung „Stadtbummel" benötigen Sie z. B. diese Karten

Sabine und Thomas machen eine Woche Urlaub in einer großen deutschen Stadt. Weil sie aber nicht nur die üblichen Touristenplätze kennen lernen wollen, stellen sie sich mit Hilfe eines Stadtplans eigene Routen zusammen.

Planen Sie für Sabine und Thomas mehrere kleine

Strecken durch die Straßen der Stadt. Schneiden Sie dazu die fünf Tafeln mit den jeweils zehn Straßennamen an den Linien auseinander. Kombinieren Sie die Straßennamen immer wieder neu und machen Sie die Wege mal länger und mal kürzer.

Haben Sie eine Route zusammengestellt, prägen Sie sich die Straßennamen eine Weile lang ein. Anfangs können das drei Minuten sein, später weniger. Verdecken Sie die Karten dann und schreiben Sie nach einer weiteren Minute alle Straßennamen aus der Erinnerung auf – entscheidend ist dabei natürlich auch die richtige Reihenfolge.

Übung „Fundbüro“

Für die Übung „Fundbüro“ benötigen Sie z. B. diese Karten

Beim Bummeln merkt Claudia, dass ihre Handtasche verschwunden ist. Im Fundbüro versucht sie zu beschreiben, was alles darin war. Erinnern Sie sich auch?

Alle Karten, die Sie für diese Übung benötigen, tragen in der unteren rechten Ecke ein kleines Quadrat. Schneiden Sie die Karten auf den zugehörigen zwei Tafeln entlang der Linien aus und legen Sie sie offen vor sich auf den Tisch. Prägen Sie sich die Gegenstände etwa zwei Minuten lang ein und verdecken Sie die Karten. Schreiben Sie dann innerhalb von drei Minuten auf, woran Sie sich erinnern. Decken Sie die Karten auf und entfernen Sie die Gegenstände, die sie richtig notiert haben.

Werfen Sie einen kurzen Blick auf die restlichen Karten, verdecken Sie die wieder und schreiben Sie erneut auf, was noch verdeckt ist. Dies wiederholen Sie so oft, bis alle Karten aussortiert sind.

Übung „Nachbarschaft“

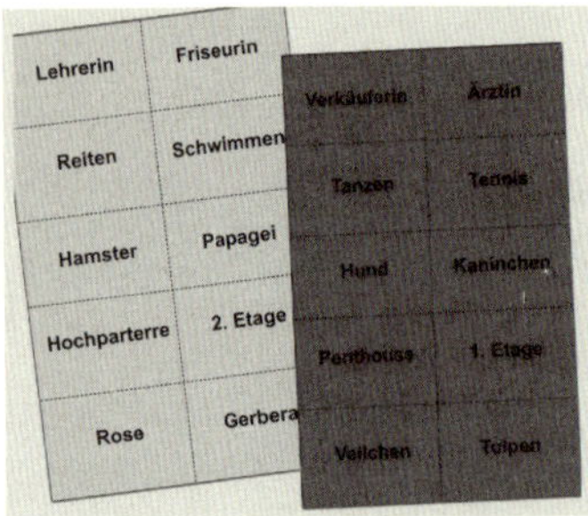

Für die Übung „Nachbarschaft“ benötigen Sie z. B. diese Karten

Martina ist in eine neue Wohnung gezogen. Die Nachbarn im Haus hat sie zwar schon kennen gelernt. Aber sie kann sich noch nicht so ganz merken, wer wer ist. Schaffen Sie es?

Schneiden Sie dazu die drei Tafeln mit den jeweils zehn Textfeldern an den Linien auseinander. Kombinieren Sie immer einen Beruf, ein Hobby, ein Haustier, eine Wohnungslage und eine Fensterblume zu einer Person. Stellen Sie davon zunächst drei zusammen und prägen Sie sich diese Kombinationen etwa zwei Minuten lang ein. Verdecken Sie die Bilderkombinationen dann oder gehen Sie in einen Nebenraum und schreiben Sie nach einer Minute auf, was zu welcher Person gehört. Nehmen Sie eine weitere Person dazu und wiederholen Sie den Vorgang. Versuchen Sie schließlich, sich alle sechs Personen zu merken.

Durch immer neues Zusammenlegen können Sie immer neue Kombinationen für weitere Übungen erhalten.

Übung „Einkaufsbummel"

Für die Übung „Einkaufsbummel" benötigen Sie z. B. diese Karten

Frau Meier macht eine Bestandsaufnahme ihrer Lebensmittel und Haushaltswaren und geht einkaufen. Im Supermarkt aber fehlt plötzlich die Einkaufsliste. Doch Frau Meier hat ein gutes Gedächtnis und erinnert sich. Sie auch?

Die Karten für diese Übung erkennen Sie daran, dass alle

in der rechten unteren Ecke mit einem Stern gekennzeichnet sind. Schneiden Sie zunächst die drei Tafeln mit den jeweils zehn Kärtchen an den Linien auseinander.

Legen Sie sich nun mit den Kärtchen einen aus Bildern bestehenden Einkaufszettel zusammen. Beginnen Sie zunächst mit wenigen Gegenständen. Legen Sie die entsprechenden Karten auf einen Tisch oder eine ebene Fläche und prägen Sie sie sich ein. Drehen Sie die Karten dann um, und schreiben Sie nach einer Minute auf, was alles einzukaufen ist. Steigern Sie Ihr Übungspensum allmählich, indem Sie die aus Bildern zusammengelegte Einkaufsliste immer länger werden lassen.

... und wenn Übungen nicht sofort klappen: Bitte, quälen Sie sich nicht!

Es ist normal, dass alle vorstehend genannten Übungen beim ersten Versuch schwer fallen. Deshalb sollten Sie sich nicht selbst unter Druck setzen mit ständigen Wiederholungen. Am Anfang sollte jede Übung höchstens zweimal nacheinander gemacht und dann zu einer anderen Übung gewechselt werden.

Am sinnvollsten ist es, sein Gedächtnis anfangs jeden Tag z. B. eine halbe Stunde lang zu trainieren. Später kann diese Zeitspanne verlängert werden – ganz so, wie es Ihre wachsende Konzentration zulässt. Zwischen der Wiederholung einer der vorstehend beschriebenen Übungen sollte aber immer mindestens ein Tag liegen, an dem Sie Ihr Gedächtnis mit anderen Aufgaben aus diesem Buch trainieren.

Wenn Gedanken fliegen lernen – mehr Kreativität für geistige Beweglichkeit

Wer spontan und flexibel reagieren kann, ist immer im Vorteil. Für unsere Vorfahren in der Steinzeit war diese Fähigkeit oft lebensrettend. Aber heute müssen wir in vielen Situationen ebenso schnell entscheiden können, auch wenn es dabei nicht mehr um die Existenz geht. Da unser Leben zumeist aber von alltäglicher Routine regiert wird, merken wir erst im Ernstfall, dass uns das nötige Rüstzeug für die schnelle Entscheidung fehlt. Dann stehen wir hilflos davor und der Kopf fühlt sich sonderbar leer an. Doch auf solche Situationen kann man sich vorbereiten und sie vermeiden – zum Beispiel mit Hilfe der Übungen aus diesem Kapitel.

Schenken Sie Ihrem Geist die Freiheit, er wird Sie dafür belohnen

Freigeist oder Mauerblümchen – was hört sich verlockender an? Unser Gehirn würde sich bestimmt für den Freigeist entscheiden. Denn der führt das interessantere Leben und bietet ihm dadurch mehr „Futter". Unser Verstand liebt es, mit Informationen und neuen Anregungen versorgt zu werden. Sie zeigen ihm, welche Möglichkeiten es gibt, und er kann sich daraus neue Lösungen basteln, wenn die alten nicht mehr ausreichend oder zufriedenstellend sind. Mit etwas Training bekommen Sie auch Ihren Verstand dazu.

Übung „Wortkette"

Kennen Sie das: man sucht nach einem Wort, aber es fällt einem einfach nicht ein? Und dann fängt das Gehirn an zu rattern – und trainiert dadurch seine Leistungsfähigkeit. Diese Methode kann man nutzen, um zwischendurch ein paar Übungen zu machen, jederzeit und ohne Hilfsmittel.

Bilden Sie dafür eine Wortkette mit zusammengesetzten Hauptwörtern, wobei jeweils der zweite Teil des Wortes den ersten Teil des neuen Wortes ergibt. Ihnen selbst bleibt es überlassen, mit welchem Wort Sie beginnen und wie lang Ihre Kette wird. Gefragt ist dabei Schnelligkeit – im Kopf. Einige Aufgaben haben wir schon vorbereitet. Und um die schwieriger zu gestalten, haben wir Ihnen hier neben dem Anfangswort auch ein Endwort vorgegeben, zu dem Sie gelangen sollen – über mindestens drei weitere Begriffe. Wenn Ihnen der Weg zum Endwort gar nicht einfällt, schlagen Sie ihn einfach bei den Lösungen im Anhang nach.

Beispiel: Taschenbuch ... Beinarbeit

Lösung: Taschenbuch, Buchladen, Ladentisch, Tischbein, Beinarbeit

Aufgaben:

1. Baumhaus	...	Preisschild
2. Tennisball	...	Uhrzeit
3. Autobahn	...	Stuhlbein
4. Zuchttier	...	Schlüsselbund
5. Lagerfeuer	...	Gradmesser
6. Leuchtturm	...	Spielzeit
7. Kaffeemaschine	...	Zeitmesser
8. Briefpapier	...	Spielplatz
9. Meerwasser	...	Schrankkoffer
10. Schulbank	...	Schildbürger

Übung „Wortsalat"

Sind die ersten drei und der letzte Buchstabe eines Wortes bekannt, können wir es fehlerfrei entziffern, haben Forscher herausgefunden. Denn das Gehirn ordnet die Buchstaben automatisch. Doch so leicht wollen wir es unseren grauen Zellen hier nicht machen und haben die Buchstaben wild gemixt. Aber Sie werden das gesuchte Wort ganz bestimmt erkennen. Ihr Ergebnis können Sie dann mit dem bei den Lösungen im Anhang dieses Buches vergleichen.

Beispiel: S T O R P ergibt SPORT

Aufgaben:

1. N O T E E L F
2. S I N T E N
3. R O M C U P T E
4. M I N E C H S E I S C H R A B
5. H E R F N E S R E
6. G E L E R S C H R U K E I B
7. T E C H T A C U H N S
8. E N T E N A N
9. H E C T A L S C H
10. G U F E N L A H F
11. F U A P B L E M M A N U
12. D E I C H L A G E R N N
13. P A S T E M U R R K
14. E S E C H F E I N K A M F
15. B A S T E R K E F I N
16. G U W E Z E R K
17. P E C H T I P
18. T A K K O B O N
19. H A F B O H N
20. R E G A L R E U F E

Übung „Begriffspaare finden“

In der deutschen Sprache gibt es eine Vielzahl von zusammengesetzten Hauptwörtern (Substantiven), bei denen sich aus zwei Begriffen ein neuer ergibt – aus „Baum“ und „Haus“ wird z. B. das „Baumhaus“. Solche zusammengesetzten Wörter benutzen wir sehr häufig, ohne uns dessen bewusst zu sein. Deshalb haben wir einige in ihre Bestandteile zerlegt. Sie sollen die zueinander gehörenden Begriffspaare anhand der Bildkarten finden.

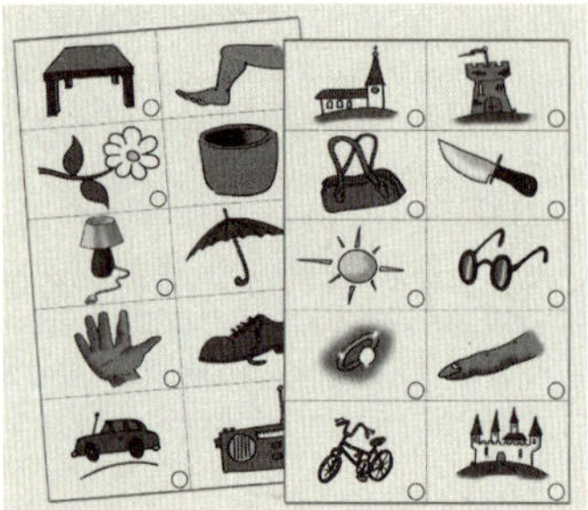

Für die Übung „Begriffspaare“ benötigen Sie z. B. diese Karten

Hierfür nehmen Sie die jeweils zehn Karten der drei Bildtafeln mit nur einem Kreissymbol in der unteren rechten Ecke, also 30 Karten für 15 Wortpaare. Mischen Sie die Karten und legen Sie diese aufgedeckt auf einen Tisch. Betrachten Sie die Bilder und kombinieren Sie jeweils zwei passende zu einem gebräuchlichen Begriff, wie oben im Beispiel erwähnt. Welche Kombinationen möglich sind, lesen Sie bei den Lösungen im Anhang dieses Buches.

Mal neue Wege gehen – das gefällt auch dem Gedächtnis

Urlaub wäre keine Erholung, wenn wir während dieser Zeit nicht etwas anderes machten als im Alltag. Ausgelaugten und erschöpften Patienten empfehlen Ärzte darum, während ihrer freien Zeit möglichst viele neue Eindrücke zu gewinnen. Denn das entspannt und öffnet die Aufnahmefähigkeit des Gehirns. Am besten sollte man seine Urlaubstage deshalb nicht verplanen, sondern neue Abläufe ganz spontan entscheiden und zulassen. Aber das muss nicht nur auf den Urlaub beschränkt bleiben. Denn wer sein Leben umstellt und täglich eine Kleinigkeit anders macht als sonst, steigert seine Kreativität. Die Leistungsfähigkeit des Gehirns steigt und hilft, auf neue, unbekannte Situationen zu reagieren. Dazu dienen auch die folgenden Übungen.

Übung „Sätze bilden“

Nehmen Sie doch einfach mal an, Sie sitzen in der Bahn und bekommen mit, wie sich zwei andere Fahrgäste unterhalten. Doch nur Satzfetzen sind für Sie verständlich. Die meisten Menschen in so einer Situation folgen dann der natürlichen Neugier und beginnen zu rätseln, was wohl das Thema der Unterhaltung sein könnte.

Um unsere Phantasie und Kreativität zu trainieren, wollen wir nun genau das tun: Wir bilden mit den vorgegebenen Wörtern jeweils drei Sätze mit möglichst unterschiedlichem Inhalt. Die Wörter dürfen in beliebiger Reihenfolge und auch in der Mehrzahl auftauchen, sollten aber als Substantiv benutzt werden (also nicht „fernsehen“ statt „Fernseher“).

Beispiel: Hafen	Schiff	Fernseher

Drei mögliche Lösungssätze:

• Ein Team vom Fernsehen filmt das einlaufende Schiff im Hafen.

• Im Fernsehen läuft ein Bericht über das größte Schiff im Hafen.

• In allen Kabinen des Schiffs, das jeden großen Hafen der Welt ansteuert, gibt es Fernseher.

Bitte lösen Sie jetzt diese Aufgaben:

1. Feuer	Holz	Haus
2. Schule	Lehrer	Buch
3. Bauer	Stadt	Ernte
4. Sommer	Winter	Arbeit
5. Restaurant	Bett	Stuhl
6. Bahnhof	Flugzeug	Kaffe
7. Wald	Polizei	Auto
8. Kamera	Film	Szene
9. Liebe	Salz	Träume
10. Menschen	Amerika	Zukunft

Um diese Aufgabe für weitere Übungen zu variieren, können Sie die Wörter auch beliebig kombinieren, z. B. „Feuer", „Schule" und „Bauer". Bedeutend schwieriger wird es, wenn Sie vier bzw. fünf statt nur drei der vorgegebenen Begriffe auswählen, um daraus die Sätze zu bilden. Das darf auch zu absurden oder lustigen Lösungen führen – Hauptsache, in jedem Satz tauchen alle Begriffe auf. Lassen Sie Ihrer Phantasie freien Lauf!

Übung „Sprüche klopfen"

Scherzhaft wird manchmal behauptet, mit einigen Nummernschildern sollten andere Autofahrer vor einem besonderen Fahrstil gewarnt werden. So heißt es manchmal, das Kennzeichen „OH" (Ostholstein) bedeute „ohne Hirn", „PI" (Pinneberg) stünde für „pennt immer" oder „SU" (Siegburg) bedeute „Schlafwandler unterwegs". Das „EN" (Enneppe-Ruhr-Kreis) soll im Scherz für „echte Niete" stehen, „MK" (Märkischer Kreis) für „merkwürdiger Kraftfahrer" und „TUT" (Tuttlingen) für „tattrig und tollpatschig".

Versuchen Sie doch mal, selbst solche scherzhaften Deutungen für Autokennzeichen zu finden, wann immer Sie unterwegs sind. Im eigenen Wohnort wird man allerdings hauptsächlich auf immer dasselbe Ortskennzeichen stoßen. Variieren Sie die Aufgabe dann einfach. Bilden Sie aus dem zweiten Teil des Kennzeichens, das vor der Zahl steht, Namen, scherzhafte Bezeichnungen oder Ähnliches (z. B. „kein Geld" oder „Kummer gewohnt" für „KG").

Das schöne an dieser Übung ist: Man kann sie immer und überall machen, ohne jedes Hilfsmittel. Und so lässt sich auch bei einem Spaziergang ganz nebenbei noch das Gehirn fordern und trainieren.

Übung „Den Weltfrieden retten"

Kreativität, Sachkenntnis, gesunder Menschenverstand, Einfallsreichtum und gute Argumentationstechnik – das ist das Rüstzeug, das Politiker zur Lösung von Problemen möglichst besitzen sollten. Und in deren Situation sollen Sie sich in dieser Übung mal hineinversetzen. Hier nämlich sollen Sie nun einmal Politiker spielen und die für deren Alltag wichtigen Fähigkeiten trainieren!

Finden Sie für folgende Probleme unserer Gesellschaft jeweils mindestens fünf Lösungsvorschläge. Schreiben Sie sie auf oder machen Sie die Übung gemeinsam mit anderen, denen Sie Ihre Ideen erzählen. Denn daraus kann sich eine interessante Diskussion ergeben, in deren Verlauf die genannten Fähigkeiten dann noch weiter trainiert werden.

Die Frage lautet: Was muss getan werden, ...

- ... um die Arbeitslosigkeit zu senken?
- ... um die Umweltzerstörung aufzuhalten?
- ... für mehr Frieden auf der Welt?
- ... um Energieprobleme zu lösen?
- ... damit kein Mensch mehr verhungern muss?

Übung „Zufallsgenerator"

Wer kreativ ist, geht mit offenen Augen durch die Welt und entdeckt überall irgendetwas, um seine grauen Zellen zu beschäftigen. Und besonders Kfz-Kennzeichen können uns noch einmal als gute Inspirationsquelle dienen.

Diesmal geht es darum, aus den Kennzeichen der Autos Wörter zu formen. Zum Beispiel aus dem Kennzeichen „SHG – J ..." die Begriffe „Ski", „Hamburger", „Gürtel" und „Jogurt". Daraus wird dann eine Geschichte geformt. Die könnte in diesem Fall lauten: „Ein Hamburger wollte Skilaufen lernen und schnallte sich einen Gürtel um, ehe er sich auf den Schnee wagte, der weiß wie Jogurt aussah." So eine Geschichte darf auch gern ein wenig verrückt sein. Denn wie bei allen Übungen geht es ja auch darum, Spaß zu haben.

Sind Sie nicht allein unterwegs, können Sie diese Übung sehr gut auch mit einer zweiten Person machen. Das erschwert die Aufgabe. Denn nun gibt einer die aus einem Kennzeichen abgeleiteten Begriffe vor und der andere muss daraus die Sätze bilden.

Zahlenspiele und Knobeleien halten das Gehirn unter Strom

Beim Rechnen muss man sich häufig Zahlen merken, mit denen später weitergearbeitet wird. Oder man darf Summen nicht überschreiten. Das erfordert Konzentration, ein gutes Gedächtnis und man darf nicht die Übersicht verlieren – eine Rundum-Herausforderung für unsere grauen Zellen.

Deshalb sind Zahlen- und Rechenaufgaben ein gutes Mittel, um sich geistig fit zu halten. Nebenbei schulen sie außerdem das logische Denken. Und das kann einem in vielen Bereichen des Lebens aus der Patsche helfen. Zu vernachlässigen sind beide Fähigkeiten auf gar keinen Fall. Deshalb sollen sie in diesem Kapitel trainiert werden.

Bevor man Sie auszählt: Knacken Sie die Nuss!

Zahlen helfen uns, das Leben zu strukturieren. Ohne sie könnten wir keine Verabredungen treffen, keine Termine einhalten oder Geschäfte tätigen. Und nicht immer haben wir eine Hilfe zur Hand, die uns das Kalkulieren abnimmt. Dann müssen wir uns auf unsere Rechenkünste und unser Gedächtnis verlassen. Doch die sind ohne Training meist nicht sofort einsatzbereit. Rechnen muss man üben. Aber dafür werden wir vom Gehirn mit einem Bonus belohnt: Die Kombinationsgabe wird deutlich schneller.

Übung „Zahlenkombination“

Viele Mathematiker spielen in ihrer Freizeit Schach. Kein Wunder, denn das Spiel erfordert neben Konzentration und Aufmerksamkeit auch eine gute Kombinationsgabe. Und leidenschaftliche Mathematiker knobeln für ihr Leben gern – viele entscheiden sich gerade deshalb für ihren Job. Und um das Kombinieren geht es auch bei dieser Übung.

Betrachten Sie dafür die unten stehenden Zahlen unter folgenden Aufgabenstellungen:

- Finden Sie zunächst die Zahlen, die gleichzeitig um sechs größer sind als die vorhergehenden und um vier kleiner als die nachfolgenden.
- Ermitteln Sie dann die Zahlen, die zugleich um zwei kleiner sind als die vorhergehenden und um acht größer als die nachfolgenden.

29	51	39	45	49	54	94
15	17	18	21	23	29	33
21	27	31	57	71	75	37
33	31	23	29	33	26	15
10	18	98	85	12	10	18
84	75	67	65	57	55	47
67	63	90	44	50	48	29
91	35	33	25	31	35	74
34	40	44	50	66	70	75
65	63	55	53	61	67	71
22	27	31	33	31	23	65
17	21	25	28	34	40	69

Ob die von Ihnen gefundenen Zahlen richtig sind, erfahren Sie bei den Lösungen im Anhang dieses Buches.

Übung „Kopfrechnen“

Für die Übung „Kopfrechnen“ benötigen Sie diese Karten

Kai ist der neue Kassenwart des örtlichen Fußballclubs. Sein Vorgänger hat ihm aus den letzten vier Monaten die Kassenstände und Quittungen hinterlassen. Was am Monatsende übrig blieb, wurde auf ein Sparbuch eingezahlt. Um sich zu vergewissern, dass alles stimmt, überprüft Kai den Stand. Demnach wurden eingezahlt:

- im Mai 100 Euro (Karten mit rotem Grund),
- im Juni 200 Euro (Karten mit blauem Grund),
- im Juli 300 Euro (Karten mit gelben Grund),
- im August 400 Euro (Karten mit grünem Grund).

Insgesamt weist das Sparbuch also 1000 Euro Guthaben auf. Bei dieser Übung soll überprüft werden, ob alle Quittungen für Einnahmen und Ausgaben vorhanden sind.

Schneiden Sie dafür die vier farbigen Tafeln mit Zahlen und Plus/Minus-Zeichen davor an den Linien auseinander. Berechnen Sie das Ergebnis der jeweils zu einer Farbe gehörenden zehn Karten. Addieren bzw. subtrahieren Sie dazu die Zahlen ihren Vorzeichen entsprechend – aber ohne Taschenrechner oder andere Hilfsmittel! Die genannten Gesamtsummen aller Karten einer Farbe oder für spätere Übungen mehrerer bzw. aller Farben dienen zur Überprüfung Ihrer Ergebnisse.

Wichtig bei dieser Übung ist, dass auf dem Weg zum Ergebnis auch ins Minus gerechnet wird. Wie auf dem Girokonto, wenn mehr abgehoben wird als das momentane Guthaben.

Übung „Schnellrechnen“

Manche Menschen besitzen die Begabung, selbst komplizierteste Rechenoperationen ohne langes Überlegen im Kopf vorzunehmen. Und wenn solche Rechengenies im Fernsehen ihre Künste vorführen, kommen normal Begabte aus dem Staunen kaum noch heraus.

Nun kommt es bei dieser Übung aber nicht darauf an, solchen Zahlengenies Konkurrenz zu machen. Aber wir können wir uns ein Beispiel an ihnen nehmen. Denn die meisten von ihnen haben die Angewohnheit, mit allen ihnen im Alltag begegnenden Zahlen zu spielen, daraus Rechenaufgaben zu bilden, die sie sofort im Kopf lösen. Dies geht sehr gut z. B. mit Autokennzeichen. Die bieten außerdem die Möglichkeit, dem Rechnen zeitliche Grenzen zu setzen.

Sie können die Übung allein machen, besser wäre es aber mit einem Partner. Der sucht beim Spazierengehen oder während des Autofahrens ein Kfz-Kennzeichen aus. Zum Beispiel „SHG – J 1547“. So lange das Auto mit dem Kennzeichen in Sichtweite ist, hat der Gefragte Zeit, die vier Ziffern zusammenzuzählen. Die Lösung ist in diesem Fall 17. Schafft er es nicht, ist der Partner an der Reihe. Wer allein übt, kann sich dasselbe Zeitlimit stecken. Sobald das betreffende Auto außer Sichtweite gerät, ist die Zeit um und das Kennzeichen des nachfolgenden Fahrzeugs dran.

Als Abwandlung und zur Steigerung können auch die ersten zwei Ziffern mit den letzten zwei multipliziert werden. Für unser Beispiel „SHG – J 1547" lautet die Aufgabe also „15 mal 47" und die Lösung ist 705.

Die Aufgabe kann dadurch weiter erschwert werden, dass die Buchstaben in Ziffern verwandelt werden müssen. Also A = 1, B = 2, C = 3, etc. Und dann werden alle Ziffern zusammengezählt. Für das Kennzeichen „SHG – J 1547" wäre dies die Zahlenreihe 19 + 8 + 7 + 10 + 1 + 5 + 4 + 7 = 61. Als Erleichterung kann man sich das Alphabet auf einem Zettel durchnummerieren.

Im Chaos eine Struktur erkennen: Logisches Denken erleichtert den Alltag

„Logisch" sagen sehr viele Mitmenschen als Ersatz, wenn sie eine Frage mit „selbstverständlich" beantworten wollen. Doch so selbstverständlich ist Logik gar nicht. Und es gibt gute Gründe dafür, dass die meisten Aufgaben bei Intelligenztests Logikfragen sind. An denen scheitert so mancher.

Dabei ist Logik – also folgerichtiges Denken – etwas, das jeder von uns besitzt. Denn ohne diese Fähigkeit, Folgen einer Entwicklung zu erkennen, könnten wir den Alltag kaum meistern. Das aber würde auch bedeuten, nie etwas hinzuzulernen und gleiche Fehler immer wieder zu machen.

Die Fähigkeit zum logischen Denken ist bei jedem unterschiedlich ausgeprägt. Aber man kann sie trainieren. Und das geht am besten mit Zahlen. Denn was ist einfacher nachzuvollziehen als 1+1=2?

Übung „Zahlenreihe"

Erschrecken Sie bei dieser Übung bitte nicht, wenn Rechnen schon in der Schule nicht Ihre größte Stärke war. Denn hier steht es nicht im Vordergrund. In erster Linie ist Ihre Fähigkeit zur Schlussfolgerung gefragt. Denn alle folgenden Zahlenreihen sind nach bestimmten Regeln aufgebaut.
Ihre Aufgabe ist es nun, diese Regeln zu erkennen. Gelingt dies, können Sie die Zahlenreihen am Ende leicht um die jeweilige Zahl ergänzen, die wir hier durch ein Fragezeichen ersetzt haben.

Beispiel:

2	4	6	8	10	12	?

Lösung: Hier verändern sich die einzelnen Zahlen von links nach rechts, indem zu jeder Zahl zwei addiert wird. Für das Fragezeichens muss also die 14 stehen. Ob Sie die folgenden Aufgaben korrekt beantwortet haben, erfahren Sie bei den Lösungen im Anhang dieses Buches.

Aufgabe 1

8	10	7	11	6	12	?

Aufgabe 2

1	3	7	13	21	31	?

Aufgabe 3

2	4	3	6	4	8	?

Aufgabe 4

40	80	20	40	10	20	?

Aufgabe 5

22	17	18	13	15	10	?

Aufgabe 6

1	1	2	4	6	18	?

Aufgabe 7

12	2	6	10	0	5	?

Aufgabe 8

66	62	57	54	48	46	?

Aufgabe 9

20	28	14	6	12	20	?

Aufgabe 10

71	70	35	33	11	8	?

Übung „Zahlensalat"

Bestimmt kennen Sie das aus Japan zu uns gekommene Zahlenrätsel „Sudoku". Was aber kaum jemand weiß: Erfunden wurde es tatsächlich im 18. Jahrhundert vom Schweizer Mathematiker Eberhard Euler. Die Japaner haben es also lediglich als Denksportaufgabe wieder entdeckt. Und von Ihnen kam es über England dann zu uns.

Beim Sudoku müssen in einem Quadrat aus neun mal neun Feldern alle Felder so mit den Zahlen von 1 bis 9 belegt werden, dass jede Zahl nur einmal in jeder waagerechten und senkrechten Reihe auftaucht. Außerdem ist das große Feld mit neun mal neun Feldern noch in neun kleine Quadrate aus jeweils drei mal drei Feldern unterteilt. Und auch in diesen kleinen Quadraten darf jede Zahl nur einmal auftauchen. Einige Zahlen sind immer schon vorgegeben.

Unsere Übung funktioniert ähnlich wie ein Sudoku. Aber hier können Sie alle Vorgaben selbst bestimmen. Schneiden Sie dafür zunächst die neun Tafeln mit den Zahlen entlang der Linien auseinander, um am Ende insgesamt 81 Zahlenkarten zu erhalten – neunmal alle Zahlen von eins bis neun.

Legen Sie die Zahlen von 1 bis 9 in beliebiger Reihenfolge waagerecht und senkrecht so zu einem Rechteck aneinander, dass jede Zahl nur einmal pro waagerechter und senkrechter Reihe sowie in jedem der neun kleinen Quadrate aus drei mal drei Feldern vorkommt. Das Spiel ist beliebig variierbar. Jede neu zusammengewürfelte Startreihe beschert Ihnen neue Legemöglichkeiten. Insgesamt gibt es über sechs Trilliarden! Tipp: Wem es mit neun Zahlen zu schwierig ist, beginnt mit sechs Zahlen in sechs Reihen.

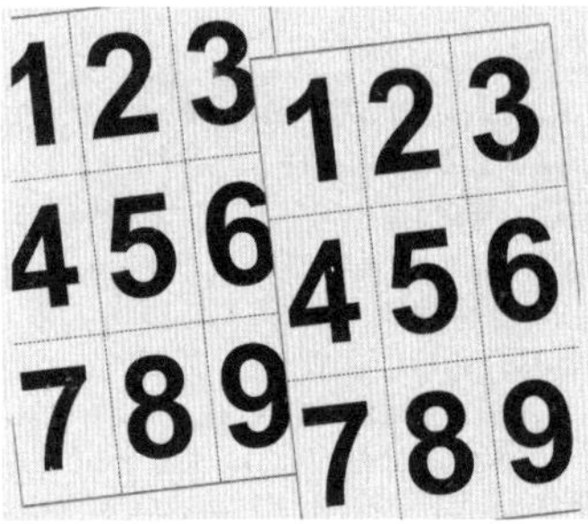

Für die Übung „Zahlensalat" benötigen Sie diese Karten

Übung „Wortkette"

Bei dieser Übung werden schnelle Auffassungsgabe und der flinke Umgang mit Buchstaben und Wörtern trainiert. Versuchen Sie so schnell wie möglich, die durch Striche ersetzten fehlenden Buchstaben zu ergänzen und das richtige Wort zu finden.

Beispiel: _ _ r t _ _ z _ _ n
Lösung: G a r t e n z a u n

Wer zum Start der Übungen die kürzeren Vorgaben wählt, wird schnell feststellen, dass sich da oft viel mühsamer eine Lösung findet als bei den längeren. Denn je länger ein Wort ist und je mehr Buchstaben vorgegeben sind, desto eher ist unser Gehirn in der Lage, die Lücken automatisch zu füllen. Vor allem Vielleser sind bei dieser Übung im Vorteil, weil ihr Gedächtnis die Begriffe nämlich ungeachtet der hier fehlenden Buchstaben wieder erkennt. Die gesuchten Worte finden Sie bei den Lösungen im Anhang dieses Buches.

Aufgabe 1: V _ t _ r _ c _ _ f _ s _ _ s t

Aufgabe 2: E _ _ f _ n t _ _ g _ _ e _ e

Aufgabe 3: M _ _ s _ r k _ _ n g _

Aufgabe 4: _ _ u h _

Aufgabe 5: Z _ _ t _ n _ s r _ d _ _ t _ _ n

Aufgabe 6: B _ _ b _ _ p _ p _ _ r

Aufgabe 7: _ e l e _ _ _ _ ö _ _ r

Aufgabe 8: T _ _ _ h b _ _ _

Aufgabe 9: S _ _ e _ e n _ _ h l _ _ f _ r

Aufgabe 10: W e _ l _ _ b _ _ c _ e r

Aufgabe 11: _ e r _ _ _ c _ u _

Aufgabe 12: _ _ g _ _ s _ _ _ f f

Aufgabe 13: L _ _ d w _ _ t _ _ h a _ t _ _ i _ _ _ t _ _ i u m

Aufgabe 14: F _ _ n e _ _

Aufgabe 15: _ u _ _ a _ _ e

Aufgabe 16: _ _ b u _ t _ t _ _ s _ _ c h f _ _ _ r

Aufgabe 17: _ o _ _ t _ g s _ _ s f _ _ g

Aufgabe 18: S c _ r _ n _ _ o _ f _ r

Aufgabe 19: _ i c h _ s _ _ _ l t _ r

Aufgabe 20: A _ o _ h e _ _ n n _ t _ i _ _ s t

Übung „Textaufgaben"

Bei Mathematiklehrern sind Übungen dieser Art besonders beliebt, bei Schülern eher nicht. Denn es handelt sich in oft knifflige Texte verpackte Rechenaufgaben. Knifflig, weil zunächst einmal der Weg zur Lösung herausgefunden werden muss. Das erfordert Kombinationsgabe und schult unser logisches Denken. Denn bevor man überhaupt losrechnen kann, muss man erst einmal verstehen, was überhaupt zu berechnen ist.

Versuchen Sie deshalb, die Aufgaben strategisch zu bearbeiten: Was ist gefragt? Welche Informationen stehen zur Verfügung? Lassen Sie sich aber Zeit! Unter Druck übersehen Sie leicht den Weg zur Lösung. Stellen Sie deshalb ruhig einige Aufgaben erst einmal zurück. Ob Ihre Ergebnisse richtig sind, erfahren Sie bei den Lösungen im Anhang.

Aufgabe 1: Ein Akkumulator liefert genug Licht, um eine Lampe mit einer bestimmten Leistung zwölf Stunden zu betreiben. Wie lange werden drei Lampen erhellt, die ein Viertel der Leistung von Lampe A haben?

- a 8 Stunden
- b 12 Stunden
- c 14 Stunden
- d 16 Stunden
- e 21 Stunden

Aufgabe 2: Karl und Gustav treffen sich an jedem Freitagabend zum Schachspielen. Bis jetzt ging ein Drittel ihrer insgesamt gespielten Partien unentschieden aus. Bei der Gesamtzahl von genau 240 Spielen war Gustav 95 Mal der Sieger. Wie viele Partien hat Karl gewonnen?

- a 45
- b 65
- c 83
- d 95
- e 115

Aufgabe 3: Zwölf Bauarbeiter bekommen am Mittag von ihrem Chef den Auftrag, noch am selben Tag eine Baugrube auszuheben. Sie hat einen Rauminhalt von 144 Kubikmetern. Bei normaler Arbeitsleistung ist dafür eine Arbeitszeit von sechs Stunden zu veranschlagen. Die Grube wäre damit zwei Stunden nach Feierabend fertig. Vier der Arbeiter müssen jedoch aus dringenden Gründen pünktlich nach Hause und können deshalb keine Überstunden machen. Wie lange müssen die übrigen Arbeiter über ihren Feierabend hinaus bleiben, damit die Grube trotzdem noch rechtzeitig zum nächsten Morgen für die Folgearbeiten ausgehoben ist?

- a 1,5 Stunden
- b 2 Stunden
- c 3 Stunden
- d 3,5 Stunden
- e 4 Stunden

Aufgabe 4: Die positive Zahl X beträgt das dreifache einer anderen Zahl Y. Das Produkt der Zahlen X und Y (also errechnet durch Malnehmen von X und Y) beträgt 48. Können Sie anhand dieser Angaben herausfinden, um welche es sich bei der gesuchten Zahl Y handelt?

- a 8
- b 2
- c 3
- d 4
- e 6

Aufgabe 5: Herr Schulz beginnt um halb zwölf (11:30 Uhr) mit dem Rasenmähen. Mit seinem Handmäher schafft er pro Minute eine Fläche von sechs Quadratmetern. Sein Nachbar fängt eine halbe Stunde früher an und bewältigt mit seinem Motorrasenmäher ein Drittel mehr in derselben Zeit. Dafür hat Herr Schulz auch nur 75 Prozent im Vergleich zur Rasenfläche seines Nachbarn zu mähen. Um die Ruhezeiten ordnungsgemäß einzuhalten, unterbrechen beide um zwölf Uhr die Arbeit. Der Nachbar hat dann zwei Drittel seiner Arbeit hinter sich. Wie lange muss Herr Schulz nach der Mittagspause noch weiterarbeiten, damit er die gesamte Rasenfläche abgemäht hat?

- a 45 Minuten
- b 50 Minuten
- c 60 Minuten
- d 75 Minuten
- e 90 Minuten

Aufgabe 6: Frau Schreiber geht einkaufen. Vor dem Kühlregal im Supermarkt vergleicht sie die Magerquark-Preise und steht vor der Wahl: Nimmt sie den 250-Gramm-Becher für 0,90 Euro, den 350-Gramm Becher für 1,30 Euro, die Doppelpackung mit zweimal 200 Gramm zum Preis von 1,60 Euro, den Dreierpack zu dreimal 100 Gramm zum Stückpreis von 0,35 Euro oder die Familienportion zu 500 Gramm, für die sie 2,20 Euro zu zahlen hätte? Bei welchem Angebot bekommt Frau Schneider den meisten Quark für ihr Geld?

- a der 250-Gramm-Becher
- b der 350-Gramm-Becher
- c die Doppelpackung
- d der Dreierpack
- e die Familienportion

Aufgabe 7: Ein Käfer und eine Schnecke machen sich von der gleichen Ausgangsposition auf den Weg zu einem Salatblatt in 1,6 Metern Entfernung. Der Käfer krabbelt jedoch erst los, als die Schnecke schon 25 Zentimeter zurückgelegt hat. Trotzdem hat der Käfer das Blatt bereits erreicht, als die Schnecke noch 15 Zentimeter Weg vor sich hat. Wie viele Zentimeter lief der Käfer jeweils mehr als die Schnecke, wenn diese jeweils drei Zentimeter kroch?

•a einen Zentimeter
•b zwei Zentimeter
•c vier Zentimeter
•d 5,5 Zentimeter
•e sechs Zentimeter

Aufgabe 8: Zwei Weinfässer stehen nebeneinander. Eines ist ein Rotweinfass, das andere ein Weißweinfass. Kellermeister Traubenfroh sticht der Hafer: Er nimmt sich eine Schöpfkelle, taucht sie ins Weißweinfass und schüttet den Inhalt der Kelle ins Rotweinfass. Dann schöpft er eine Kelle voll aus dem Rotweinfass ins Weißweinfass. Wie viel Rotwein befindet sich nun im Weißweinfass und wie viel Weißwein ist im Rotweinfass?

•a Es ist mehr Rotwein im Weißweinfass als Weißwein im Rotweinfass.
•b Es ist mehr Weißwein im Rotweinfass als Rotwein im Weißweinfass.
•c Die Fremdanteile in beiden Weinfässern sind jeweils absolut gleich.

Das passende Wort zur rechten Zeit – so bleiben Sie schlagfertig

Ob in Familie, Job, Nachbarschaft oder Freundeskreis: Es kommt oft vor, dass irgendjemand einen frechen Spruch parat hat, der gegen einen selbst gerichtet ist. Und manchmal ärgert man sich den ganzen Tag, weil einem dann so schnell keine schlagfertige Entgegnung eingefallen ist.

Sicher, manchmal ist es besser, nichts zu sagen. Das könnte sonst die Stimmung trüben oder gar Ärger einbringen. Aber ein wenig mehr Schlagfertigkeit rettet nicht nur die Laune, sie stärkt auch das Selbstbewusstsein. Denn wer in seinem Kopf ständig nach den passenden Worten kramen muss, fühlt sich nicht gerade geistig fit.

Ist es die Situation, die uns sprachlos macht, können wir nur wenig tun. Ansonsten hilft es aber, seine Wortgewalt zu trainieren. Denn der Wortschatz lässt sich ebenso erweitern, wie sich die Abrufbarkeit der Worte beschleunigen lässt. Das können Sie in diesem Kapitel üben.

Damit Sie sagen können, was Ihnen auf der Zunge liegt

Nicht jeder beschäftigt sich täglich mit Texten, schreibt Mitteilungen oder setzt sich mit der Bedeutung von Wörtern auseinander. Das kann für die Beherrschung der Sprache fatal sein, wenn zudem auch keine Bücher, Zeitungen oder

Zeitschriften gelesen werden. Man verlernt allmählich, sich richtig auszudrücken, Beschreibungen fallen schwer, andere verstehen einen falsch, es kommt zu Missverständnissen.

Auf diesem Gebiet fit zu sein, gehört daher auch zu einem vitalen Gedächtnis. Deshalb sollte man das Sprachvermögen trainieren, am besten durch Lesen. Mit den folgenden Übungen können Sie Ihre Sprachpraxis auf Touren bringen – damit Ihre Zunge künftig schneller ist.

Übung „Das schwarze Schaf"

Das fünfte Rad am Wagen möchte niemand sein. Und angeblich soll es ja in jeder größeren Herde immer ein schwarzes Schaf geben – also eine Person, die nicht dazu gehört und anderen sofort auffällt. Aber sind Sie wirklich aufmerksam genug und erfassen Sie Situationen schnell, um solche Auffälligkeiten zu entdecken? Hier können Sie das trainieren.

Sehen Sie sich die Begriffe in den Wortreihen an. Welcher passt jeweils nicht dazu? Finden Sie ihn so schnell wie möglich! Ob es Ihnen gelungen ist und Ihre Antworten richtig sind, können Sie bei den Lösungen im Anhang prüfen.

Beispiel: Birke – Eiche – Fichte – Linde – Weide

Lösung: Der Begriff Fichte passt nicht in die Reihe, denn die Fichte ist als einziger der fünf Bäume kein Laubbaum.

1. Löwe – Pferd – Hund – Elefant – Vogel
2. Nachtigall – Wachtel – Rotkehlchen – Amsel
3. Sessel – Sofa – Tisch – Bank – Stuhl
4. Fußball – Handball – Hochsprung – Basketball
5. Ohm – Volt – Watt – Meter – Ampere
6. Linsen – Erbsen – Reis – Bohnen
7. Paris – Berlin – Kopenhagen – Madrid – Genf
8. Auto – Motorrad – Autobus – Fahrrad

9. Hessen – Bayern – Brandenburg – Hamburg – Sachsen
10. Apfel – Birne – Kirsche – Banane – Pfirsich
11: Nordpol – Eisbär – Eskimo – Eisberg – Pinguin
12: Halbschuhe – Sandalen – Stiefel – Pumps
13: Trompete – Tuba – Geige – Pauke – Xylophon
14: Gas – Kohle – Erdöl – Strom – Windkraft
15: Doktor – Magister – Diplom-Ingenieur – Redakteur
16. Parkbank – Strandkorb – Sessel – Sofa
17. Granit – Beton – Schiefer – Basalt
18. Pfirsich – Birne – Pflaume – Kirsche
19. Radfahren – Schwimmen – Langlauf – Weitsprung
20. Rot – Gelb – Blau – Grün
21. Niederlande – Dänemark – Polen – Schweden
22. Fehmarn – Rügen – Helgoland – Sylt
23. Ente – Bär – Fischotter – Storch
24. Venus – Saturn – Pluto – Jupiter
25. Volleyball – Handball – Ringen – Speerwurf
26. Pottwal – Schildkröte – Reiher – Qualle
27. Arterien – Venen – Synapsen – Kapillaren
28. Weser – Rhein – Donau – Elbe
29. Hund – Pferd – Katze – Löwe
30. Gramm – Unze – Zentner – Hektar

Übung „Erklärungsnot"

Kinder fragen viel und gern. Da stehen Erwachsene oft ratlos da und wissen nicht weiter. Denn manchmal stellen die Kleinen solche Fragen, auf die wir zwar eine Antwort wissen, sie aber trotzdem kaum formulieren können. Aber das kann ein gutes Training für uns sein. Denn dadurch sind wir gezwungen, Erklärungen so zu formulieren, dass auch die Kleinsten folgen können.

Und genau das dürfen Sie hier nun üben. Nur, dass Sie dafür nicht unbegrenzt viel Zeit haben. Versuchen Sie, die Fragen so schnell wie möglich und dabei kurz und genau zu beantworten. Am besten gelingt dies, wenn Sie Ihre Antwort in nur einem Satz zu formulieren versuchen. Ob Sie damit richtig liegen, können Sie bei den Lösungen im Anhang dieses Buches überprüfen.

1. Was ist Lotto?
2. Wie viele Spieler gehören zu einem Fußballspiel?
3. Was ist Bronze?
4. Wie entsteht ein Gewitter?
5. Was ist ein Boiler?
6. Was ist ein Impressum?
7. Was sind Spurenelemente?
8. Was ist gemeint, wenn vom Eigengewicht eines Autos gesprochen wird?
9. Was ist eine Inflation?
10. Was ist Skat?
11. Was ist ein Dezimalbruch?
12. Was ist die Lichtzeit?
13. Was versteht man unter Mondfinsternis?
14. Was ist ein Aquarell?
15. Wie sieht ein Flamingo aus?

Übung „Sätze bilden"

Sprachliche Beweglichkeit lässt sich jederzeit und überall üben. Wie schon in den anderen Kapiteln können dabei Autokennzeichen eine gute Hilfe sein. Achten Sie also beim Spazierengehen, Autofahren oder beim Stadtbummel auf die Nummernschilder und bilden Sie aus deren Buchstaben ganz schnell einen Satz.

Ein Beispiel soll Ihnen die Aufgabe verdeutlichen: Aus den Buchstaben des Kennzeichens „SHG – J 1547" könnte unter anderem der Satz gebildet werden: „Susi hat Geburtstag jetzt". Aber natürlich sind auch ganz andere Sätze möglich, etwa „Susanne hört gern Jazzmusik" oder „Schönes Herbstwetter gefällt Johannes".

Den Schwierigkeitsgrad bestimmen Sie selbst, etwa ob die Wortstellung entsprechend der Buchstabenreihenfolge exakt eingehalten werden muss oder verändert werden kann. Und natürlich dürfen die Sätze auch inhaltlich schräg sein. Wichtig ist lediglich, dass Sie den Satz beendet haben, ehe das Auto mit dem betreffenden Kennzeichen außer Sichtweite gerät. Fällt Ihnen in der verbleibenden Zeit nichts ein, versuchen Sie es erneut mit dem Kennzeichen des nächsten Wagens, der vorbeifährt.

Übung „Kettensätze bilden"

Dies ist eine Abwandlung und Weiterführung der vorangegangenen Übung. Sie können sie allein machen, sehr gut geht es aber auch mit einem Partner.

Die Übung beginnt wie die vorherige, hier soll aber ein Kettensatz entstehen. Das heißt, der vorhergehende Satz wird durch den folgenden Satz ergänzt. Beispiel: Aus dem ersten Kennzeichen „OHA – S 111" wird „Opa halt an, schnell!". Das zweite Kennzeichen „NOM – S 222" wird der Satz „Nimm Oma mit, sofort". Der dritte Satz aus dem Kennzeichen „OH – H 333" könnte lauten „Oma hat Hunger" – und so kann es endlos weiter gehen.

Das Schöne an dieser Übung ist: Sie wissen nicht, welches Kennzeichen als nächstes kommt, und das erhöht den Druck. Geben Sie aber nicht auf, wenn es Ihnen zunächst nicht gelingt, innerhalb dieses Zeitraums etwas zustande zu bringen. Je öfter Sie üben, desto besser wird es klappen!

Wissen, was man sagt: Lassen Sie sich nicht das Wort im Munde herumdrehen!

Niemand verlangt von Ihnen, dass Sie redegewandt sind wie ein Dichter. Solch ein ausschweifender Wortschatz ist im täglichen Leben auch gar nicht zu gebrauchen, denn die meisten Menschen würden dann nur „Bahnhof?" verstehen. Und das ist nicht der Sinn von Sprache. Schließlich ist sie ja gerade das Mittel, über das wir uns miteinander verständigen sollen ohne Missverständnisse. Und die kommen oft zustande, weil es manchem an Wortgewandtheit fehlt. Denn wir benötigen im Alltag möglichst genau passende Ausdrücke für das, was wir sagen wollen. Außerdem ist ein umfangreicher Wortschatz ein Zeichen für ein gut funktionierendes Gedächtnis. Und das können Sie mit den folgenden Übungen erreichen.

Übung „Gegensätze ziehen sich an"

Alles hat zwei Seiten. Meistens handelt es sich dabei um positiv und negativ, immer aber um das Gegenteil. Sprachwissenschaftler nennen Begriffspaare, die Gegensätzliches bezeichnen, Antonyme. Manchmal bilden wirklich nur zwei Begriffe ein solches Paar, manchmal gibt es aber auch mehrere Ausdrücke, die den Gegensatz beschreiben. Solche Wörter sollen Sie in dieser Übung finden. Damit trainieren Sie Ihr Sprachverständnis und erweitern Ihren Wortschatz!

Bilden Sie zu den angegebenen Begriffen mindestens drei gegensätzliche Wörter. Orientieren Sie sich dabei an diesem Beispiel. Für den Begriff „leicht" könnten die Gegensätze unter anderem lauten „schwierig, kompliziert, knifflig". Und nun sind Sie an der Reihe, Gegensätze zu den nachstehend aufgelisteten Begriffen zu finden. Aber: Ein gefundener Begriff ist nicht genug, mindestens zwei, besser drei sollten Sie schon nennen können. Schließlich sollen unsere grauen Zellen hier ja wirklich Leistung zeigen müssen:

1. arm:
2. dumm:
3. dick:
4. hell:
5. klein:
6. glücklich:
7. hässlich:
8. freundlich:
9. rund:
10 teuer:
11. süß:
12. gut:
13. neu:
14. schwer:
15. trocken:
16. kalt:
17. aufregend:
18. leise:
19. lecker:
20. wissend:

Wenn Ihnen nur wenige Begriffe als Gegensätze eingefallen sind: bei den Lösungen im Anhang finden Sie weitere.

Übung „Wortschatz erweitern"

Es gibt Menschen, die kommen aus dem Beschreiben gar nicht mehr raus, wenn etwas großen Eindruck auf sie gemacht hat. Dann schenkt ihr Gehirn ihnen einen freien Fluss an Assoziationen. Der wird begünstigt durch die positiven Emotionen, die mit dem Ereignis verbunden sind. Steht jemand aber unter Druck, wollen ihm einfach keine Worte einfallen. Dann ist die Denkleistung durch den Stress blokkiert. Man kann sich aber auch für solche „sprachlosen" Situationen rüsten, indem man seinen Wortschatz trainiert.

Beschreiben Sie dazu jedes der nachstehend aufgelisteten Substantive durch mindestens fünf Adjektive. Ein Beispiel verdeutlicht dies: Zum Begriff „Blume" lassen sich unter anderem die Adjektive „duftend, hübsch, saftig, leicht, bunt" stellen. Und auch hier gilt wieder: Einen Begriff zu finden ist nicht genug – bestimmt gelingt es Ihnen, drei oder sogar fünf Adjektive zu nennen, positive ebenso wie negative:

1. Wald:
2. Sonne:
3. Winter:
4. Schnee:
5. Computer:
6. Kind:
7. Auto:
8. Elefant:
9. Party:
10. Lehrer:
11. Weihnachten:
12. Liebe:
13. Zwerg:
14. Gewichtheber:

15. Schwein:
16. Gefängnis:
17. Meer:
18. Schloss:
19. Politiker:
20. Fernsehfilm:

Auch zu dieser Aufgabe finden Sie mögliche Antworten wieder bei den Lösungen im Anhang dieses Buches.

Übung „Gleich und Gleich gesellt sich gern"

Guten Freunden geben wir oft Kosenamen. Aber auch für Menschen, die wie weniger mögen, haben wir oft einen anderen Namen parat. Und wir bezeichnen auch Dinge mit anderen als ihren gebräuchlichen Ausdrücken. Sehr häufig sind das selbst gewählte Bezeichnungen sein, die nur innerhalb der Familie, des Freundeskreises oder am Arbeitsplatz bekannt sind.

Aber unsere Sprache verfügt auch von sich aus über solche Synonyme. Sie werden dem unterschiedlichen Sprachstil entsprechend verwendet oder entstammen einer eigenen Bezeichnungssprache, etwa aus der Berufswelt oder aus bestimmten Regionen. Doch im Alltag begnügen uns sehr häufig mit nur einigen hundert Worten, obwohl uns sehr vielmehr zur Verfügung stünden – wenn wir unser Gehirn nur danach suchen lassen würden. Das soll hier geschehen. Denn diese Übung gibt Ihnen die Gelegenheit, Ihren Wortschatz zu testen und trainieren.

Finden Sie dazu für jedes Wort mindestens fünf Synonyme. Ein Beispiel soll das verdeutlichen: Für den Begriff „Bett" etwa wären auch die Synonyme „Lager, Schlafstätte, Koje, Liegestatt, Schlafgelegenheit" zu verwenden. Bemühen Sie sich, hier mindestens drei Begriffe zu jedem vorgegebenen Wort zu finden:

1. Haus:
2. Auto:
3. Streit:
4. putzen:
5. Lehrer:
6 .das Essen:
7. Friede:
8. Reise:
9. kaufen:
10. Kind:
11. Feier:
12. laufen:
13. Portemonnaie:
14. Arbeit:
15. schwimmen:
16. hübsch:
17. Chef:
18. Firma:
19. Schiff:
20. Orchester:

Übung „Alliterationen"

Auch außerhalb unserer eigenen vier Wände lassen sich immer wieder viele Möglichkeiten finden, spontan unser Sprachgefühl sowie vor allem die schnelle Wortfindung zu verbessern. Und aus den bereits zurückliegenden Übungen haben Sie ja schon erfahren, dass sich als Anregung für die selbst zu stellenden Aufgaben besonders gut Autokennzeichen eignen. Darauf greifen wir jetzt zurück.

Diesmal kommt es darauf an, aus jedem einzelnen Buchstaben des Kennzeichens (wahlweise auch in anderer Reihenfolge) einen Satz zu bilden, dessen Worte immer mit demselben Buchstaben beginnen. So lassen sich z. B. aus den Buchstaben des Kennzeichens „SHG – J 1547" und in anderer Reihenfolge diese Sätze bilden:

- Sind Sauerkirschen süß?
- Ja, jedenfalls jetzt.
- Habe heute Himbeermarmelade hergestellt.
- Gegebenenfalls geben Gurken gutes Gelee.

Die Reihenfolge, in der die Buchstaben abgearbeitet werden, sollte nicht so wichtig sein, sonst wird es zu schwierig. Beginnen Sie also ruhig mit dem zweiten oder dritten Buchstaben. Außerdem müssen sich nicht alle Sätze wie im Beispiel auf ein Thema (hier: Einkochen) beziehen.

Lassen Sie Ihrer Phantasie dabei einfach freien Lauf. Und wenn Sie mögen, können Sie diese Übung auch zusammen mit einem Partner oder mehreren machen. Einerseits ist die Gefahr geringer, sich selbst zu beschmummeln. In jedem Fall aber wird es zu zweit lustiger – und Entspannung durch Lachen fördert bekanntlich die Geisteskraft.

Übung „Suchworte finden"

Ebenfalls für unterwegs ist eine weitere Übung gedacht, mit der Sie Ihren Wortschatz aufpolieren können. In diesem Fall wäre allerdings ein Partner von Vorteil. Es ist zwar auch möglich, die Übung allein zu machen, dann aber ist der Trainingseffekt nicht ganz so groß. Denn hier wird vorher festgelegt, zu welcher Wortfamilie die zu suchenden Begriffe gehören. Es wird also vorher festgelegt, ob es sich z. B. um Autozubehör, Lebensmittel oder Länder handelt.

Auch dies möchten wir Ihnen wieder mit Beispielen erläutern: Zum Kennzeichen „SHG – J 1547" soll zunächst einmal Autozubehör oder Autobauteile gefunden werden. Die Antworten könnten dann lauten „Scheinwerfer, Hupe, Gangschaltung, Jalousie fürs Heckfenster". Wird bei demselben Kennzeichen nach Lebensmitteln gesucht, wären „Schokolade, Haferflocken, Gelee und Joghurt" als Antworten zulässig. Sollen Länder gefunden werden, wären die Suchworte „Schweden, Holland, Griechenland, Jamaika" eine gute Wahl.

Mit gutem Training kann unser Gehirn auch mehrere Aufgaben gleichzeitig lösen

Bestimmt erinnern Sie sich noch an unsere erste Übung zur Konzentrationsfähigkeit (auf Seite 40). Dort ging es darum, sich im Rückwärtslesen zu üben. Und dafür hatten wir Ihnen lediglich eine einzige Aufgabe vorgegeben. Solche Übungen können Sie allerdings jederzeit mit jedem beliebigen Text wiederholen.

Legen Sie dazu einfach den zu lesenden Text – am besten verwenden Sie eine ausgeschnittene kurze Zeitungsmeldung – so vor sich auf einen Tisch, dass die erste Zeile zu Ihrem Körper zeigt. Dann stellen Sie einen kleinen rechteckigen Schmink- oder Taschenspiegel im rechten Winkel (also senkrecht zur Tischplatte) an die letzte Zeile des zu lesenden Textes und lesen diesen aus dem Spiegel ab.

Gelingen Ihnen solche Übungen bereits ohne große Mühe, bietet sich für Fortgeschrittene eine Variante an. Dabei wird zur Konzentrationsfähigkeit auch noch das Gedächtnis trainiert. Denn nun muss zusätzlich ein im Text ausgelassenes Wort ergänzt werden. Das klingt zunächst einfach, ist es aber nicht. Denn es sind zwei Aufgaben parallel zu lösen.

Eine ganze Reihe solcher Übungen geben wir Ihnen hier vor. Ihre Aufgabe ist es, möglichst schnell und während des Rückwärtslesens des Textes das fehlende Wort zu ergänzen, beginnend am Ende der ersten Zeile. Nur mit Hilfe dieses Wortes ergibt der Text einen Sinn. Eine Auswahl von einzusetzenden Begriffen, unter denen sich natürlich auch das fehlende Wort befindet, ist jeweils unter dem Textkasten vorgegeben.

Ob Sie sich für das richtige Wort entschieden haben, können Sie dann bei den Lösungen im Anhang dieses Buches kontrollieren.

Übung „Allergien richtig behandeln lassen“

Die Zahl der Menschen, die an Allergien leiden, nimmt stän-
dig zu. Experten schätzen, dass bereits jeder zehnte Bürger
unter einer Allergie leidet. Oft sind es Umwelteinflüsse, die
das Immunsystem rebellieren lassen. In solchen Fällen ist
es wichtig, sich für die Behandlung an einen Fachmann zu
wenden. Denn nur ein ??? kann beurteilen, welche
Ursachen die Allergie hat und durch entsprechende
Behandlung dafür sorgen, dass der Patient trotz seines
Leidens ein möglichst unbeschwertes Leben führen kann.

Wie lautet das im obigen Text durch Fragezeichen ersetzte Wort: Alligator, Alimentator, Allergologe, Allergiker.

Übung „Eier kochen ohne Pannen"

Essig im Kochwasser gilt als alter Haushaltstrick, um das Platzen von Eiern zu verhindern. Doch der Trick hilft nicht. Wenn das Ei platzt, dann meist deshalb, weil es direkt aus dem Kühlschrank kommt und sich die ??? am stumpfen Ende des Eis im heißen Wasser zu schnell ausdehnt. Abhilfe schafft das Anstechen der ???. Oder man nimmt die Eier frühzeitig aus dem Kühlschrank, um den Temperaturunterschied zum heißen Kochwasser deutlich verringern.

Wie lautet das im obigen Text durch Fragezeichen ersetzte Wort: Eierschale, Luftblase, Kochflüssigkeit, Eigenschaft.

Übung „Eltern haften für ihre Kinder"

Obwohl dieser Hinweis z. B. an Baustellen oft zu lesen ist, hat er meistens gar keine Bedeutung. Denn für Schäden, die Kinder unter sieben Jahren verursachen, sind Eltern nur verantwortlich zu machen, wenn sie ihre ??? vernachlässigen. Sonst geht der Geschädigte leer aus, weil Kinder unter sieben Jahren selbst nicht haften. Und die ??? ist normalerweise schon erfüllt, wenn Eltern ihre Kinder auf mögliche Gefahren hinweisen. Nur bei älteren Kindern wird jeweils im Einzelfall geprüft, ob sie die Folgen ihres Handelns erkennen konnten. Dann tragen sie allein die Schuld. Bei fahrlässigem Verhalten zahlt auch für sie die hoffentlich von den Eltern abgeschlossene Familien-Haftpflichtversicherung.

Wie lautet das im obigen Text durch Fragezeichen ersetzte Wort: Unterhaltspflicht, Kinder, Aufsichtspflicht, Sorgerechte.

Übung „Keine Gefahr durch salziges Essen“

> Oft wird davor gewarnt, dass Salz im Essen zu Bluthochdruck führen kann. Aber: Um durch Salz Bluthochdruck zu bekommen, müsste man schon eine ganze Menge davon zu sich nehmen. Selbst wer viel Salziges isst, erhöht seinen Blutdruck damit nur um 2 mmHg. Und die sind für eine krankhafte ??? unerheblich. Grund dafür, dass Salz einen gesundheitsfeindlichen Ruf hat, ist eher die Salzsensibilität einiger Menschen. Etwa jeder fünfte ist davon betroffen. Bei ihnen ist es möglich, Bluthochdruck durch salzarme Kost zu bessern. Getestet wurde die Wirkung allerdings im Tierversuch an Ratten. Man verabreichte ihnen eine Menge von – auf menschliche Verhältnisse umgerechnet 500 Gramm pro Tag. Unser normaler Konsum: acht Gramm.

Wie lautet das im obigen Text durch Fragezeichen ersetzte Wort: Hypothese, Hypothek, Hyperventilation, Hypertonie.

Übung „Das korrekte Tempo auf Autobahnen“

> Ein häufiger Irrtum ist, dass auf Autobahnen mindestens Tempo 60 gefahren werden muss. Das aber wäre fatal, denn dann müssten z. B. im Stau stehende Autofahrer bestraft werden. Richtig ist zwar, dass nur solche ??? die Autobahn benutzen dürfen, die schneller als 60 Stundenkilometer fahren können, also z. B. keine Traktoren oder Baumaschinen. Tempo 60 ist aber keine Mindestgeschwindigkeit.

Wie lautet das im obigen Text durch Fragezeichen ersetzte Wort: Polizisten, Führerscheine, Fahrzeuge, Pannenhelfer.

Übung „Tägliches Duschen ist erlaubt"

Für die meisten gehört die Morgendusche einfach zu einem guten Start in den Tag. Allerdings sollte es bei einer Dusche täglich bleiben. Dann kann die ??? ihre Schutzschicht aus Fett wieder aufbauen. Der natürliche Säureschutzmantel der ???, der zur Keimabwehr dient, wird nicht geschädigt. Modernen Seifen und Duschgels greifen ihn kaum an.

Wie lautet das im obigen Text durch Fragezeichen ersetzte Wort: Badewanne, Duschwanne, Seife, Haut?

Übung „Blumen richtig gießen"

An heißen Sommertagen sorgen sich Hobbygärtner um ihre Pflanzen. Aber wann ist eigentlich die beste Zeit, sie zu gießen? Abends heißt es oft. Aber das ist ungünstig. Zum einen besteht dann Gefahr, dass sich Fäulnis an den Pflanzen bildet. Denn in kühlen Abendstunden können ??? und Blüten, die nass geworden sind, schlecht trocknen. Auch tagsüber zu wässern ist nicht ratsam. Denn in der prallen Sonne können Tropfen auf ??? wie ein Brennglas wirken. Die Folge sind braune Flecken. Am besten gießt man am Morgen zum Sonnenaufgang. Da ist die Tagestemperatur am niedrigsten. Das Wasser verdunstet nicht so schnell wie am Abend, wenn die Erdoberfläche noch von der Sonneneinstrahlung aufgeheizt ist. Außerdem können die Wassertropfen auf den Pflanzenteilen dann ganz allmählich abtrocknen.

Wie lautet das im obigen Text durch Fragezeichen ersetzte Wort: Blätter, Pflanzen, Erdboden, Wasser?

Übung „Vermeiden Sie Nachporto"

> Glück gehabt, denkt mancher, wenn er eine Postsendung erhält, bei der die ??? nicht abgestempelt ist. Denn jeder hat schon einmal gehört, dass eine ungestempelte ??? nicht entwertet, also noch gültig ist. Also wird sie von vielen wieder abgelöst oder ausgeschnitten, zum erneuten Gebrauch. Doch da versteht z. B. die Deutsche Post keinen Spaß. Eine abgelöste oder ausgeschnittene ??? ist ungültig, auch ungestempelt. Denn die ??? ist eine Gebührenquittung und gilt nur für eine Postdienstleistung. Anders verhält es sich bei beschädigten Marken. Ob sie akzeptiert werden, liegt im Ermessen der Postler. Ist der Wert noch erkennbar, wird die Sendung meist befördert – auch ohne Nachporto.

Wie lautet das im obigen Text durch Fragezeichen ersetzte Wort: Postkarte, Briefmarke, Adresse, Absender?

Übung „Der gefragte Experte"

> Seit vielen Jahren zählt Professor Meier aus Berlin zu den gefragtesten Experten für weltweite Klimaveränderungen. Auch in Talkshows ist er als ??? ein gern gesehener Gast, wenn es um das Abschmelzen der Gletscher geht und um die Auswirkungen, die dies schon in den kommenden 100 Jahren auf die Höhe des Meeresspiegels haben könnte. Zu diesem Thema hat der Professor bereits viele wissenschaftliche Arbeiten verfasst sowie ein populäres Sachbuch.

Wie lautet das im obigen Text durch Fragezeichen ersetzte Wort: Konifere, Konfitüre, Koryphäe, Korporal?

Übung „Die Wahrheit über dunkles Brot"

Zur gesunden Ernährung gehören Ballaststoffe. Und besonders viele stecken in Vollkornbrot. Aber: Nicht alles, was dunkel aussieht, ist auch Vollkorn und damit gesund. Denn dunkles Brot kann der ??? seinen Kunden auch präsentieren, wenn er dem Teig Farbstoffe hinzufügt, die meist auf Zuckerbasis hergestellt sind. Eine Mogelpackung in Sachen Gesundheit sind auch „Drei-" oder „Mehrkornbrote". Sie bestehen zwar aus mehreren Getreidesorten. Das sagt aber nichts über die Ballaststoffe aus. Die ganzen Körner sind eher eine Freude fürs Auge als für das Verdauungssystem. Fragen Sie darum beim ??? ausdrücklich nach echten Vollkornbroten, z. B. Graham- oder Schnitzerbrot.

Wie lautet das im obigen Text durch Fragezeichen ersetzte Wort: Backwaren, Bäcker, Brote, Bäckerei?

Übung „Keine Angst vorm Frühstücksei"

Eier enthalten zwar jede Menge Cholesterin (bis zu 200 mg). Aber der Cholesterinspiegel im ??? wird kaum von einem einzigen Frühstücksei am Morgen beeinflusst. Bei einem zu hohen Cholesterinspiegel wird die Aufnahme ins ??? normalerweise vom Körper automatisch gedrosselt. Ist zu wenig vorhanden, wird die Produktion im Körper erhöht. Durch die Ernährung lässt sich der Cholesterinspiegel aber höchstens um etwa zwei Prozent senken.

Wie lautet das im obigen Text durch Fragezeichen ersetzte Wort: Blut, Herz, Kreislauf, Eigelb?

Lassen Sie Ihren Verstand spielen – das bringt ihn auf Hochtouren

Erst die Arbeit, dann das Spiel" – so wird es von einem Sprichwort empfohlen. Doch wer danach lebt, kommt seiner Geisteskraft nicht gerade entgegen. Denn unser Kopf benötigt gelegentlich Entspannung, um später wieder umso konzentrierter arbeiten zu können. Wer sein Pensum stattdessen voll durchzieht und erst hinterher eine Pause einlegt, muss mit Einbußen rechnen. Das betrifft die körperliche Power ebenso wie die geistige Leistungskraft.

Die leidet nämlich am meisten unter dem normalen Alltagsbetrieb mit seinem ewig gleichen Einerlei. Deshalb ist es wichtig, dem Geist Auszeiten zu gönnen. Für den Verstand bedeutet Abschalten aber nicht, nichts zu tun. Er tankt am besten auf, wenn er etwas anderes als das Gewohnte macht und sich frei entfalten kann. Das gelingt ihm am besten, wenn er mal nicht in gewohnten Rastern und von der Vernunft geprägt funktionieren muss, sondern wenn unsere Gedanken auf Abwegen wandern und spielen dürfen.

Kreativität und spielerische Verrücktheiten als Training für die rechte Gehirnhälfte

Die Erklärung dafür, warum wir den Verstand in diesem Kapitel in den Urlaub schicken und ihm – wie auch schon bei vielen zurückliegenden Übungen – etwas Ungewöhnliches oder sogar Verrücktes anbieten wollen, liegt in der Funktionsweise unseres Gehirns. Große Teile davon werden nämlich im Alltag kaum gefordert.

Durch Messungen der Gehirnströme haben Mediziner genau festgestellt, wann welche Bereiche unseres Gehirns besonders angesprochen werden. Und das ist bei allen alltäglichen Aufgaben unsere linke Gehirnhälfte. Sie ist für die Verarbeitung und Steuerung von allem zuständig, was mit Vernunft, Logik und der automatischen Reaktion oder Abspeicherung von alltäglichen Ereignissen zu tun hat. Die rechte Hälfte unseres Gehirns dagegen ist zuständig für alles, was mit Musik oder Kunst zu tun hat, mit Gefühlen und Kreativität. Anders gesagt: Während die linke Gehirnhälfte nur in einer Art Raster denken kann, entweder nach schwarz und weiß oder ja und nein entscheidet, lässt die rechte Gehirnhälfte auch alle Grautöne und Farben zu und neben dem klaren Ja oder Nein ist sie für die Bereiche „vielleicht" und „mal abwarten und sehen was passiert" zuständig.

Willkommen im Freizeitpark der kleinen graue Zellen

Erwarten wir von unserem Gehirn die maximale Leistung, müssen wir das Zusammenspiel der beiden Gehirnhälften trainieren. Und das gelingt bei den meisten Menschen nur, wenn die rechte Gehirnhälfte verstärkt gefordert wird. Ohne Ihnen diese Hintergründe näher zu erklären, haben wir das bereits bei vielen zurückliegenden Übungen getan. Nämlich immer dann, wenn wir Sie zu verrückten Lösungen oder Gedanken abseits aller Logik und Vernunft aufgefordert haben.

Stellen Sie sich die rechte Gehirnhälfte doch einfach mal als eine Art Freizeitpark für unsere kleinen grauen Zellen vor. Und jeder verrückte Gedanke, jede absurde Aufgabe ist vergleichbar damit, im Freizeitpark ein weiteres Karussell zu starten oder eine Currywurstbude zu eröffnen. Unsere grauen Zellen reagieren darauf genauso, wie es die Kinder in einem echten Freizeitpark täten: Sie toben vor Begeisterung und stärken sich für neue Aufgaben.

Automatisch schaltet sich die rechte Gehirnhälfte ein

Haben Sie jetzt gerade beim Lesen der letzten Sätze vor Ihrem geistigen Auge den Freizeitpark auftauchen sehen und sich den Trubel dort vorgestellt? Dann war dies bereits ein erster Schritt und großer Erfolg! Weil Sie soeben völlig unbewusst zur linken Gehirnhälfte (die Sie den Text dieses Buches verstehen lässt) die rechte in Betrieb genommen haben. Denn dort entsteht das, was wir oft als die „Bilder vor unserem geistigen Auge" bezeichnen.

Gerade dieser Abgleich zwischen linker und rechter Hälfte und deren Zusammenspiel ist es aber, was bei den meisten Erwachsenen nicht mehr spontan funktioniert und deshalb unser Gedächtnis behindert. Besonders deutlich wird das bei der Übung „Zwillinge finden", die wir Ihnen schon auf Seite 46 in diesem Buch vorgestellt haben. Wer diese Übung mit Kindern gemeinsam macht, wird feststellen: Wie auch beim ähnlich funktionierenden „Memory"-Spiel haben Erwachsene kaum eine Chance, zu gewinnen.

Kinder zeigen, wie Gehirnhälften optimal funktionieren

Anders als bei Erwachsenen, die durch den Alltag überwiegend die linke Gehirnhälfte belasten, ist das gute Gedächtnis bei den Kindern Ausdruck des optimalen Zusammenspiels ihrer beiden Gehirnhälften. Bei ihnen schaltet sich die rechte Hälfte viel häufiger ein als bei den Älteren. Dies ist eine ganz natürliche Folge der bei Kinder normalerweise noch unerschöpflichen Phantasie. Sie leben jeden Tag in einer anderen Welt, schlüpfen in andere Rollen und sind Prinzessin, Cowboy oder eine Figur aus einem Buch oder einem Film. Oder sie lassen ihre Puppen und Stofftiere Abenteuer bestehen. Aber jedes Mal denken sie sich dazu eine Geschichte aus – und in der ist nichts unmöglich. Was die Realität nicht hergibt, ersetzt die kindliche Phantasie. Paradiesische Bedingungen für Gehirn und Gedächtnis!

Kreativität wirkt wie eine Verjüngungskur auf die grauen Zellen der rechten Hälfte. Schon das Herumalbern mit Worten stimuliert ihre Leistungsfähigkeit. Deshalb sollte dem Gehirn so oft wie möglich Verrücktes angeboten oder es aufgefordert werden, gedanklichen Unsinn anzustellen. Dies ist auch der Hintergrund der folgenden Übungen.

Übung „Drehbuch schreiben"

Manchmal benötigt eine Idee nur einen kleinen Anschwung, um sich zu Großem zu entwickeln. Ein Wort oder ein Bild reichen oft schon, um den Funken zünden und daraus dann die phantastischsten Geschichten entstehen zu lassen. Für diese Übung bekommen Sie sogar gleich mehrere Vorlagen, um eine Geschichte für ein Film-Drehbuch zu erfinden.

Benötigt werden jeweils sechs Karten mit Straßen- und Ortsnamen, die Sie willkürlich auswählen. Dazu alle Karten der Übung „Nachbarschaft" sowie alle mit Kreisen, Sternen, Quadraten und Dreiecken. Vor Ihnen liegen also insgesamt 12 Stapel mit Karten (Beruf, Sportart, Haustier, Wohnungslage und Fensterblume von der Übung „Nachbarschaft", Städte, Straßennamen sowie Bildkarten mit Kreisen, Sternen, Dreiecken und Quadraten).

Alle mit Ausnahme der Berufskarten liegen als verdeckte Stapel vor Ihnen auf dem Tisch. Als Grundlage für das zu schreibende Drehbuch ziehen Sie zuerst eine Karte mit Berufsbezeichnung. Dies ist die Hauptperson Ihres Films. Anschließend ziehen Sie in bunter Reihenfolge aus den elf anderen Stapeln jeweils eine Karte und decken alle auf.

Schauen Sie sich nun alle Karten an und beginnen Sie, die darauf vorhandenen Informationen in Sätze für Ihr Drehbuch zu bauen. Es ist nicht wichtig, dass Ihnen sofort zu allen Bildern eine Verbindung einfällt. Fangen Sie mit dem ersten Satz an, indem Sie nur drei der Bilder dafür verarbeiten.

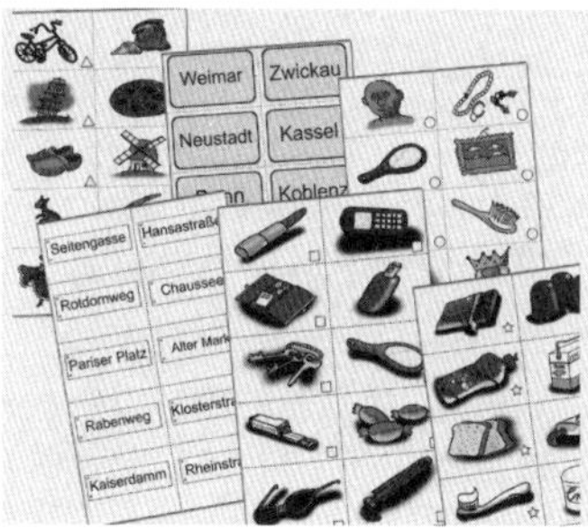

Für die Übung „Drehbuch schreiben" benötigen Sie z. B. diese Karten

Nehmen wir an, Sie haben Karten mit den folgenden Bildern und Begriffen ausgewählt: Lehrerin, Tübingen, Hund, Pappelallee, Schirm, Englandflagge, Esel, Zahnbürste, Streichhölzer, Tennis, Tulpen, Penthouse. Daraus kann die folgende Geschichte werden: Eine Lehrerin wohnte in Tübingen in der Pappelallee. Als ihr in ihrem Penthouse die

Zahnbürste aus dem Fenster fiel, klemmte sie ein Päckchen Streichhölzer zwischen die Tür und lief nur in eine Englandflagge gehüllt hinunter, um die Zahnbürste zu holen. Sie hatte es ohnehin schon eilig, weil sie zum Tennis wollte. Als ein Hund sie ankläffte, trat sie vor Schreck in die Tulpen. Dort fand sie einen Schirm, mit dem sie wie Mary Poppins wieder in ihre Wohnung schwebte.

Klar klingt das verrückt, aber darum geht es. Sie sollen zum Training Ihrer rechten Gehirnhälfte Bilder vor Ihrem geistigen Auge entstehen lassen – möglichst verrückte.

Übung „Sie sind der Krimi-Autor"

Ordnen Sie zunächst die Stapel mit den entsprechenden Karten, wie es in der Übung „Drehbuch schreiben" auf Seite 96 beschrieben ist. Es folgt eine sehr ähnliche Übung, bei der wir aber die linke Gehirnhälfte für Logik und rationale Gedanken dazuschalten. Das geschieht, indem wir eine Aufgabe stellen, bei der beide Hälften zusammenarbeiten müssen. Denn jetzt sollen Sie einen Krimi schreiben. In Ihrem Kopf spielt sich nun Folgendes ab: Die vor Ihrem geistigen Auge entstehenden Bilder (rechte Gehirnhälfte) werden ständig mit der Aufgabe abgeglichen (linke Hälfte), auf einen Krimi hinzuarbeiten.

Nun sind Krimis selten mit nur einer Person besetzt. Denn neben dem Täter und dem Kommissar (den Sie sich dazu denken können) ist ein Opfer erforderlich. Deshalb kommt, wenn Sie die ersten zwölf Karten verarbeitet haben, durch das Ziehen einer weiteren Berufskarte und jeweils einer Karte von den anderen elf Stapeln eine weitere Person ins Spiel. Sie können sich die Aufgabe dadurch erleichtern, dass Sie zunächst mal nur das Verbrechen schildern und mit dem

Aufdecken der zweiten Berufskarte beginnen, die Aufklärung der Tat zu beschreiben. Auch hier gilt wieder: Natürlich darf der Krimi ein völlig verrücktes Ende haben, bei dem das normale TV- oder Kino-Publikum die Hände über dem Kopf zusammenschlagen würde.

Übung „Wörter vermeiden"

Es gibt Situationen, da möchte man bestimmte Worte unbedingt vermeiden. Sei es aus Rücksicht, Vorsicht, Angst oder Scham. Meistens druckst man in solchen Situationen ziemlich herum, weil einem gerade dann immer nur diese Worte durch den Kopf gehen und einem ein Ersatz dafür einfach nicht einfallen will. Das wollen wir hier trainieren.

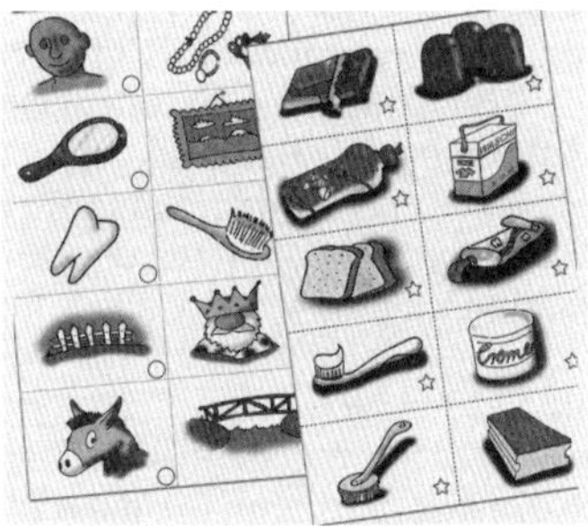

Für die Übung „Wörter vermeiden" benötigen Sie z. B. diese Karten

Benötigt werden für diese Übung die Karten mit dem Stern und mit dem einfachen Kreis. Mischen Sie sie, legen Sie sie in einem Stapel verdeckt auf den Tisch und nehmen Sie zunächst drei auf. Legen Sie die Karten vor sich hin und verbinden Sie alle in einem Satz miteinander. Aber damit es schwieriger wird, dürfen Sie dabei nicht die Worte „und", „oder" sowie „aber" benutzen. Auch hier schaltet sich die linke Gehirnhälfte für Logik dazu, um die Einhaltung dieser Regel zu überwachen.

Haben Sie zum Beispiel die Karten „Fisch", „Kartoffeln" und „Brücke" gezogen, könnten Sie daraus z. B. den Satz „Fisch sollte nie zusammen mit Kartoffeln auf einer Brücke verspeist werden" kombinieren.

Wer sein Gedächtnis auch mit dieser Übung schon länger trainiert hat, sollte den Schwierigkeitsgrad allmählich steigern. Dies geschieht dadurch, dass die Zahl der zu ziehenden Karten auf sechs verdoppelt wird.

Übung „Das ist ja absurd"

Wir alle übertreiben manchmal, auch wenn wir es vielleicht gar nicht wollen. Dies geschieht besonders häufig, wenn wir sehr positiv oder negativ gestimmt sind. Dann neigen wir dazu, Ereignisse oder Eindrücke und Empfindungen zu übersteigern. Ganz bewusst setzen wir die Übertreibung ein, wenn wir etwas ironisch kommentieren wollen. Und für diese Übung sollten Sie mal versuchen, eine möglichst ironische Betrachtungsweise an den Tag zu legen.

Benötigt werden diesmal die Karten mit dem einfachen Kreis, dem Quadrat und dem Dreieck. Sortieren Sie die Karten nach diesen Symbolen und bilden Sie daraus jeweils Stapel, die verdeckt auf den Tisch gelegt werden. Dann nehmen Sie von jedem Stapel eine Karte und bilden aus den drei Begriffen einen Satz. Formulieren Sie ihn entweder mit „auf gar keinen Fall" oder mit „so oft wie möglich", so dass dadurch schon eine Übertreibung mitklingt.

Die Karten „Holzschuhe", „Zaun" und „Schirm" könnten z. B. als Vorlage für den Satz „Holländische Holzschuhe sollten so oft wie möglich beim Überspringen eines Zaunes getragen werden, wenn man keinen Schirm zur Hand hat". Oder zu den Karten „Zahn", „Sicherheitsnadeln" und „Windmühlen" bilden Sie den Satz „Auf gar keinen Fall darf man sich Windmühlen ohne Sicherheitsnadeln nähern, denn das verursacht Zahnschmerzen".

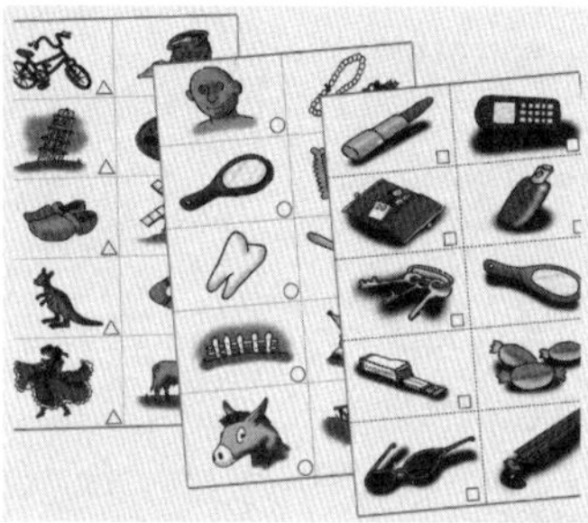

Für die Übung „Das ist ja absurd" benötigen Sie z. B. diese Karten

Was denken Sie sich dabei? Wecken Sie Ihre Assoziationen!

Unsere Welt ist voller Symbole und Bilder. Sie begegnen uns täglich in der Werbung, im Straßenverkehr, in öffentlichen Gebäuden oder Geschäften und im Internet sowieso. Wir haben auch den Kopf voller Bilder – können wir sie da überhaupt noch richtig zuordnen und die Informationen in einem sinnvollen Zusammenhang bewerten oder sogar speichern?

Mit den folgenden Übungen können Sie testen, wie es mit Ihrem Assoziationsvermögen steht. Fällt Ihnen die richtige Verbindung zu den in Ihrem Gedächtnis gespeicherten Informationen ein, wenn Sie ein Bild sehen? Oder können Sie womöglich gar nichts mit dem Bild oder dem Begriff anfangen? Schleifen Sie Ihren Verstand, indem Sie auch hier wieder die rechte und linke Gehirnhälfte zugleich in Anspruch nehmen.

Übung „Spruchreif"

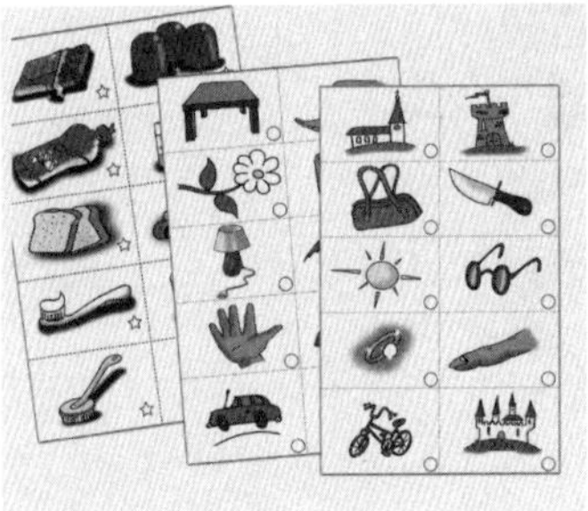

Für die Übung „Spruchreif" benötigen Sie z. B. diese Karten

Viele Redewendungen und Sprichwörter transportieren ihre Weisheiten über Bilder So lassen sie sich besser einprägen, und unser Alltagswortschatz ist voll davon. Doch das bemerken wir oft gar nicht, weil wir sie so selbstverständlich benutzen. „Auf die Tube drücken", „den Mund halten", „das Haus im Grünen" oder „die beleidigte Leberwurst" – all das sind vertraute Bilder, die uns locker von der Zunge gehen. Aber wie sieht es umgekehrt aus? Fällt uns zu beliebigen Bildern auch spontan ein Sprichwort ein?

Testen Sie deshalb mal, wie gut Sie Sprichwörter und Redewendungen beherrschen. Benutzen Sie dazu die Karten aus den Übungen „Einkaufsbummel" und „Begriffspaare finden" – es handelt sich um die Karten mit dem einfachen Kreis und die Karten mit dem Stern. Legen Sie sie offen auf den Tisch und lassen Sie sich zu den einzelnen Bildern so viele Sprichwörter und Redewendungen wie möglich einfallen. Notieren Sie Ihre Ergebnisse. Sie können diese Aufgabe auch zu zweit machen.

Übung „Sightseeing-Tour"

Jeder Ort hat seine Sehenswürdigkeiten und Besonderheiten und bei jeder Region ist es ebenso. Zu Berlin fallen vielen sofort das Brandenburger Tor und der Reichstag ein, zu Köln der Dom und der Karneval, Hamburg verbinden viele mit dem Fischmarkt und der Reeperbahn. Und geht es nicht um einzelne Orte, sondern um ganze Landstriche, denken bei Bayern viele zunächst an die Berge, an einsame Almen mit Kühen, die Glocken tragen, an Weißwürste, das berühmte Bier und Krachlederhosen, bei Norddeutschland an Leuchttürme, Deiche, Sturmfluten und Fischkutter. Und um solche Assoziationen geht es in dieser Aufgabe.

Benötigt werden hierfür die Karten mit den Ortsschildern von der Übung „Deutschlandreise". Legen Sie die Karten mit der Schrift nach unten auf einen Stapel und decken Sie dann eine Karte auf. Nennen Sie nun so schnell wie möglich mindestens drei Dinge, die mit der Stadt auf der Karte zu tun haben. Fällt Ihnen zu der Stadt gar nichts ein, weichen Sie auf die Region aus.

Sind Sie sich auch da nicht so ganz sicher, in welcher Region eine Stadt wirklich genau liegt, ist auch das nicht so schlimm. Dann orakeln Sie einfach, denn hier kommt es nicht so sehr auf das wirkliche Wissen an. Wichtiger ist nur, dass Sie bei der Nennung einer Stadt Bilder vor Ihrem geistigen Auge auftauchen lassen und diese als Begriffe fassen. Selbst wenn Sie Frankfurt am Main ins Ruhrgebiet umsiedeln und nicht mit „Banken", „Main", „Hessen" oder „Flughafen" und „Goethe", sondern mit „Förderturm", „Kohlenhalde" und „Stahlwerk" verbinden, wäre das kein Drama.

Dabei ist es Ihnen überlassen, ob die von Ihnen genannten Begriffe etwas mit Historie, Landschaft, Kultur, Sehenswürdigkeiten, regionalen Spezialitäten, Politik oder berühmten Persönlichkeiten zu tun haben.

Für die Übung „Sightseeing-Tour" benötigen Sie diese Karten

Versuchen Sie, nach einer Bedenkzeit von etwa zehn Sekunden mit dem Antworten zu beginnen. Fällt Ihnen gar nichts ein, ziehen Sie die nächste Karte. Für einen Übungsdurchgang ziehen Sie insgesamt zehn Karten. Aber: Mindestens fünf Karten dürfen Sie nicht wortlos zur Seite legen, denn zur Hälfte der gezogenen Orte sollte Ihnen etwas einfallen. Verlängern Sie gegebenenfalls Ihre Bedenkzeit. Und nach der Übung sollten Sie sich über die Städte, zu denen Sie gar keine oder nur sehr wenige Begriffe nennen konnten, ein wenig informieren. Greifen Sie dafür doch einfach mal zu Reiseführer oder Atlas bzw. versuchen Sie, im Internet fündig zu werden.

Übung „Orientierungssinn"

Einige Straßennamen begegnen uns in fast allen Städten, etwa die Bahnhof-, Kirchen- oder Hauptstraße. Andere dagegen sind eher selten oder kommen nur in bestimmten Orten vor. Und die mit den merkwürdigen Namen kann man sich besonders gut merken. In dieser Übung geht es nun darum, mit den Kombinationen aus Orten und Straßennamen das Gedächtnis zu trainieren.

Benötigt werden für diese Aufgabe die Karten mit den Ortsschildern aus der Übung „Deutschlandreise" sowie die Karten mit Straßennamen aus der Übung „Stadtbummel". Suchen Sie sich fünf Ortskarten aus und legen Sie sie offen auf den Tisch. Ordnen Sie jeder Stadt jeweils drei Karten mit Straßennamen zu. Prägen Sie sich die Kombinationen dann zwei Minuten lang ein. Drehen sie die Karten anschließend um und schreiben Sie auf, welche Straßen sich in welchem Ort befinden.

Sinn auch dieser Übung ist es wieder, linke und rechte Gehirnhälfte gleichermaßen zu trainieren. Und dabei können Sie den kleinen grauen Zellen ein wenig nachhelfen. Versuchen Sie, sich nur den Ort einzuprägen (linke

Gehirnhälfte) und den Straßennamen mit einem daraus abgeleiteten Bild zu verbinden. Diese Bilder ordnen Sie dann dem jeweiligen Ort zu.

Für die Übung „Orientierungssinn" benötigen Sie z. B. diese Karten

Um den Schwierigkeitsgrad der Übung zu steigern, können Sie später jederzeit die Anzahl der Orte und der zugeordneten Straßen erhöhen. Steigern Sie dann aber immer zunächst die Anzahl der Straßen in den einzelnen Städten, ehe Sie die Zahl der Orte erhöhen.

Übung „Verse schmieden"

Ein Reim kann einem beim Erzählen schon mal unbewusst in einen Satz hineinrutschen. Darüber ist man dann oft selbst am meisten überrascht. Denn im umgekehrten Fall, wenn man bewusst einen Reim zu finden versucht, gestaltet sich die Sache oft schwierig. Dann will einem partout keiner einfallen. Andererseits gibt es viele Wörter, bei denen einem der Reim geradezu ins Auge springt.

In dieser Übung geht es darum, kurze oder auch längere Verse zu schmieden. Benötigt werden dazu die Karten mit den Sternen und die mit den Quadraten in der unteren rechten Ecke. Mischen Sie diese Karten bunt durcheinander, ehe Sie daraus einen Stapel bilden. Dann wird eine Karte aufgedeckt, und Sie sollen das Bild von dieser Karte in einen zweizeiligen Reim einbinden.

Für die Übung „Verse schmieden" benötigen Sie z. B. diese Karten

Ziehen Sie z. B. die Karte „Taschenspiegel", lässt sich das in den folgenden Vers einbauen: „Der Spiegel zeigt mir mein Gesicht nur bei genügend Tageslicht." Natürlich kann sich der Reim auch auf das Bild ergeben. Bei der Karte mit dem „Taschenmesser" könnte er lauten: „Hilfreich wär´s für den Menschenfresser, hätt' er ein Taschenmesser." Doch Bedingung ist der Reim auf den Begriff des Bildes nicht. Gerade am Anfang ist es einfacher, nur den Begriff in den Vers einzubauen und den Reim aus anderen Worten zu bilden. Versuchen Sie, pro Übung fünf solcher Verse zu finden.

Ob Rätsel oder Probleme – zum Lösen braucht man einen klaren Kopf

Vor allem den besonders kreativen Menschen wird häufig nachgesagt, sie wären chaotisch. Und das ist eigentlich nicht überraschend. Denn da die Kreativität in der rechten Hälfte unseres Gehirns wohnt, ist die stärker ausgeprägt und bestimmt häufiger das Handeln dieser Menschen als die linke Gehirnhälfte, die für Logik, klare Strukturen und geordnete Zeitabläufe zuständig ist.

Pünktlichkeit z. B. kann für viele Kreative ein großes Problem sein. Weil sie nicht auf ihre linke Gehirnhälfte vertrauen können, die für eine klare Struktur und Analyse der Pünktlichkeitsprobleme sorgt: Wie lange benötige ich für den Weg, wann muss ich losfahren, was könnte noch dazwischenkommen, welche Reserven sind einzuplanen – solche Gedanken fallen ihnen schwer. Aber im Finden von Lösungen sind die Kreativen oft blitzschnell. Denn wo andere ein Problem nur als heilloses Durcheinander erkennen, finden sie mit der rechten Gehirnhälfte noch Strukturen und verlieren vor allem den Kern des Problems nicht aus dem Blick.

Bei den folgenden Übungen geht es genau darum: Sie sollen im Chaos den Überblick behalten und eine Aufgabe möglichst kreativ lösen – auch nach Regeln, die Sie selbst aufstellen. Denn richtig und falsch gibt es hier nicht.

Übung „Das Genie im Chaos"

Könnten Sie auf Anhieb sagen, was eine Geburtstagstorte und eine Sonnenbrille miteinander verbindet? Eigentlich nichts – jedenfalls bei rationaler Betrachtung. Aber der kreative Mensch könnte so eine Verbindung konstruieren und als Antwort geben: „Wenn sich auf einer Geburtstagstorte ganz viele Kerzen befinden, wird es so hell, dass sich das Geburtstagskind beim Ausblasen der Kerzen besser eine Sonnenbrille aufsetzen sollte." Sie sehen also: Mit ein paar abwegigen Gedanken lassen sich auch Dinge verbinden, die auf den ersten Blick und der normalen Logik folgend überhaupt nichts miteinander zu tun haben. Genau darum geht es in dieser Übung.

Für die Übung „Das Genie im Chaos" benötigen Sie z. B. diese Karten

Benötigt werden hierfür die Karten mit dem Stern und mit dem Quadrat in der unteren rechten Ecke. Legen Sie alle diese Karten so auf einem Tisch aus, dass Sie die Bilder betrachten können. Und nun stellen Sie zwischen den dargestellten Gegenständen Verbindungen her. Ihre Aufgabe ist es, immer mindestens zwei, bei späteren Übungen drei Motive gedanklich und auch mit weit hergeholten Erklärungen (wie bei der Sonnenbrille) zu verknüpfen.

Die Sonnenbrille und die Kopfschmerztabletten z. B. lassen sich auch mit einer sehr rationalen Begründung zusammenlegen: „Im grellen Sonnenlicht sollte man eine Brille tragen, sonst könnte man bald Kopfschmerztabletten benötigen." Sie können aber dieselben beiden Begriffe und noch die Schokoküsse und den Regenschirm mit einer eher unsinnigen Begründung zusammenlegen: „An heißen Tagen benutzen wir eine Sonnenbrille, die Schokoküsse aber sollten unter einem Schirm liegen – sonst ist ihnen auch mit Kopfschmerztabletten nicht mehr zu helfen."

Ihnen selbst ist es überlassen, solche Begründungen für das Zusammenlegen zu konstruieren oder ganz rationale Verbindungen wie „Die Wurst schmeckt am besten mit Brot" herzustellen. Entscheidend ist nur, dass am Ende der Übung keine Karte mehr allein auf dem Tisch liegt. Und bei der späteren Wiederholungen dieser Übung wäre es natürlich schön, neue und ganz andere Verbindungen herzustellen.

Übung „Buchstaben-Mixer"

Es gibt eine Vielzahl von Worten, aus deren Buchstaben sich neue und völlig andere Begriffe zusammenstellen lassen. So stecken z. B. in dem Begriff „Ortsnamenschild" nicht nur „Ort", „Name" und „Schild", sondern auch „Samen", „Tasche", „Rost" und noch viele mehr. Dies zu erkennen ist ein gutes Training für beide Gehirnhälften.

Benötigt werden für diese Übung die Karten mit dem einfachen Kreis. Legen Sie diese aufgedeckt vor sich hin und bilden Sie zunächst aus jeweils zwei Karten ein zusammengesetztes Hauptwort wie in der Übung „Begriffspaare finden" von Seite 56.

Dann mixen Sie die Buchstaben dieser Begriffspaare kräftig durcheinander und kombinieren sie so neu zusammen, dass daraus jeweils mindestens fünf neue Worte entstehen, die auch ganz kurz sein dürfen. Benutzen Sie aber nur die vorhandenen Buchstaben, nehmen Sie keine weiteren hinzu.

Anfangs können Sie sich die Arbeit dadurch erleichtern, dass Sie sich die neuen Begriffe und die Buchstaben auf einem Blatt Papier notieren. Besser wäre es aber, auf solche Notizen zu verzichten und die Übung nur im Kopf durchzuspielen.

Für die Übung „Buchstaben-Mixer" benötigen Sie z. B. diese Karten

Lassen Sie sich Zeit bei dieser Übung. Dann werden Sie feststellen, dass Sie überraschend viele neue Worte finden. Selbst aus einem zunächst wenig ergiebigen Begriff wie z. B. „Wasserhahn" lassen sich neben den Worten „Wasser" und „Hahn" unter anderem auch noch die Worte „Reh", „nass", „Hase", „Haar", „Hass", „Wahn", „Ass", „wer", „nahe", „ran", „Sahne" oder „Rasse" zusammenmixen. Und Sie können noch viel mehr Möglichkeiten entdecken. „Sehen" Sie einfach noch mal „sehr" genau hin ...

Übung „Erst denken - dann antworten"

Auf manche Frage fällt einem sofort eine Antwort ein – und die ist dann prompt falsch. Denn man antwortet entweder einer Logik folgend (linke Gehirnhälfte) oder aus dem Gefühl heraus (rechte Gehirnhälfte). Da kann es manchmal viel besser sein, sich die Situation erst mal bildhaft vorzustellen und auf diese Weise beide Gehirnhälfte damit zu konfrontieren, ehe man die Antwort gibt.

Darum geht es in dieser Übung. Wir haben hier eine ganze Reihe von Fragen zusammengestellt – aber Vorsicht: Es handelt sich um Scherz- und Trickfragen, bei denen die erste Antwort oft falsch ist. Deshalb: Überlegen Sie gut, ehe Sie sich auf eine Antwort festlegen und dann bei den Lösungen im Anhang dieses Buches nachschlagen, ob Sie richtig gelegen haben.

1. Wenn drei Tauben auf dem Dach sitzen und man schießt eine ab – wie viele bleiben sitzen?
2. Welche Tür kann man nicht zuschlagen?
3. Welcher Baum hat keine Blätter oder Nadeln?
4. Was befindet sich zwischen Himmel und Erde?
5. Wo findet man auch mit einem Kompass nicht den richtigen Weg?
6. Welche Fehler gibt es gar nicht?
7. Was könnte ein schlagfertiger Kellner sagen, wenn man sich über eine in der Suppe schwimmende Brille beschwert?
8. Die Mutter von Paul hat sechs Kinder. Sie wohnen alle in einem großen Haus. Ihr Mann ist Maurer. Er trägt einen Bart. Und zwei Katzen hat die Familie auch noch. Die Kinder heißen Peter und Petra, Martin und Martina, Karl – und wie heißt das sechste Kind?

9. Welches Buch sollte man nicht verleihen?
10. Was passierte mit Aschenputtel, während die sieben Zwerge im Bergwerk arbeiteten?
11. Wann wird jeder Politiker in aller Öffentlichkeit zum Zurücktreten aufgefordert?
12. Zwei Taschendiebe kommen aus der Kneipe. Sagt der eine: „Mensch, hast du die herrliche Uhr vom Wirt gesehen?" – Was könnte der andere sagen?
13. Was könnte ein schlagfertiger Kellner sagen, wenn man sich bei ihm über ein in der Suppe schwimmendes Hörgerät beschwert?
14. Woran z. B. könnte man Leute erkennen, die auch im Winter in ihrer Wohnung nicht heizen?
15. Was stimmt nicht, wenn sich ein Gast beim Kellner darüber beschwert, dass in der Suppe eine tote Fliege herumschwimmt?
16. Wenn jemand keine Musik mag – was ist dann für ihn der wichtigste Unterschied zwischen Klavier und Geige?
17. Warum muss man im Restaurant für zwei Spiegeleier mehr bezahlen als für zwei Rühreier?
18. Was ist rot, wenn es noch grün ist?
19. Warum kennt ein Kuckuck die eigenen Kinder nicht?
20. Wer oder was fliegt, wenn er voll ist und sinkt, wenn er leer ist?
21. Kann eine Frau den Bruder ihres Witwers heiraten?
22. Was ist die typische Haarfarbe der alten Griechen?
23. Wer kann sich wirklich „zu Tode schwitzen"?
24. Was hat die Wurzel oben, den Rücken vorn und die Flügel unten?
25. An welchem Ort sieht man nie den Mond am Himmel, auch wenn man unter freiem Himmel steht?

26. Was wirft man weg, wenn man es benutzen will?
27. Welche drei Worte hört ein Hai am liebsten?
28. Von wo aus kann man in alle Richtungen schauen und blickt immer nach Süden?

Übung „Wort-Bausteine"

Noch einmal geht es um zusammengesetzte Begriffe. Aber diesmal sollen Sie die nicht wie bei der Übung „Begriffpaare finden" auf Seite 56 aus zwei vorgegebenen Bildern kombinieren, sondern Sie bekommen nur eine Vorgabe. Benötigt werden aber alle Karten mit einem Kreis in der Ecke.

Für die Übung „Wort-Bausteine" benötigen Sie z. B. diese Karten

Nehmen Sie eine der Karten und finden Sie zum gezeigten Bild Begriffe, die das Wort enthalten. Beim Kopf z. B. könnten das „Kopfschmerzen", „Kopfbedeckung", „Eierkopf", „Brückenkopf", „Kopflosigkeit", „Kopfsalat", „Kopfbahnhof", „Kopfarbeiter", „Kopfgeldjäger", „Kopftuch" usw. sein. Zu jeder Bildkarte sollten Ihnen 20 Begriffe spielend einfallen.

Anhang: Vorlagen für Ihre Trainingspläne

Niemand darf sich mit Übungen quälen. Dann ist das Gehirn blockiert durch negative Gedanken, Enttäuschungen, Ärger oder sogar Wut. Deshalb hatten wir Sie anfangs aufgefordert, das Buch nicht Seite für Seite durchzuarbeiten, sondern sich zunächst einen Überblick der enthaltenen Übungen zu verschaffen und diese dann selbst zusammenzustellen. Anregung dafür sind die nachfolgenden Trainingspläne für jeweils sieben Tage in drei verschiedenen Schwierigkeitsgraden. Wechseln Sie zur nächsten Schwierigkeitsstufe, wenn Sie mit den Resultaten und Ihrem Fortschritt zufrieden sind. Je nach persönlicher Leistungsfähigkeit können Sie auch die Pläne verkürzen oder ergänzen.

Tag 1, geringe Schwierigkeit

„Farbenrausch" von Seite 43, einfache Variante.
„Zwillinge finden" von Seite 46, einmal.
„Wortkette" von Seite 54, Aufgabe 1 und 2.
„Begriffspaare finden" von Seite 56, einmal.
„Orientierungssinn ..." von S. 105, dreimal drei Straßen.

Tag 2, geringe Schwierigkeit

„Modenschau" von Seite 47, mit zwei Figuren.
„Wortsalat" von Seite 55, Aufgaben 1 bis 3.
„Sätze bilden" von Seite 57, Aufgaben 1 bis 3.
„Gegensätze ..." von Seite 80, 1 bis 3.
„Verse schmieden ..." von Seite 106, fünf Verse.
„Buchstaben-Mixer ..." von Seite 110, fünf Worte.

Tag 3, geringe Schwierigkeit
„Stadtbummel" von Seite 48, mit fünf Straßen.
„Wer fehlt hier" von Seite 68, Aufgabe 1 bis 3.
„Nachbarschaft" von Seite 50, mit zwei Personen.
„Wortschatz erweitern" von Seite 82, 1 bis 3.
„Allergien ..." von Seite 87
„Erst denken ..." von Seite 112, 1 bis 3.

Tag 4, geringe Schwierigkeit
„Fundbüro" von Seite 49, einmal.
„Zahlenreihe" von Seite 66, Aufgaben 1 und 2.
„Gegensätze ..." von Seite 80, 4 bis 6.
„Gleich und Gleich ..." von Seite 83, 1 bis 3.
„Erst denken ..." von Seite 112, 4 bis 6.
„Wort-Bausteine ..." von Seite 114, drei Karten.

Tag 5, geringe Schwierigkeit
„Deutschlandtour" von S. 44, fünf mal fünf Städte.
„Zahlensalat" von Seite 67 einmal legen.
„Einkaufsbummel" von Seite 51 mit fünf Bildern.
„Kopfrechnen" von Seite 63 mit einer Farbe.
„Das schwarze Schaf" von Seite 76, 5 bis 8.
„Erst denken ..." von Seite 112, 7 bis 9.

Tag 6, geringe Schwierigkeit
„Wortsalat" von Seite 55, Aufgaben 4 bis 6.
„Begriffspaare finden" von Seite 56 einmal.
„Wer fehlt hier" von Seite 68, Aufgaben 4 bis 6.
„Eier kochen ..." von Seite 88
„Das ist ja absurd" von Seite 100, drei Sätze.
„Erst denken ..." von Seite 112, 10 bis 12.

Tag 7, geringe Schwierigkeit
„Modenschau" von Seite 47 mit drei Figuren.
„Wortkette" von Seite 54, Aufgabe 3 und 4.
„Erklärungsnot" von Seite 77, Aufgaben 4 bis 6.
„Gegensätze ..." von Seite 80, 7 bis 9.
„Gleich und Gleich ..." von Seite 83, 4 bis 6.
„Wort-Bausteine ..." von Seite 114, vier Karten.

Tag 1, mittlere Schwierigkeit
„Farbenrausch" von Seite 43 schwierige Variante.
„Stadtbummel" von Seite 48 mit acht Straßen.
„Sätze bilden" von Seite 57, Aufgaben 4 bis 6.
„Wer fehlt hier" von Seite 68, Aufgaben 7 bis 9.
„Buchstaben-Mixer ..." von Seite 110, acht Worte.
„Erst denken ..." von Seite 112, 13 bis 15.

Tag 2, mittlere Schwierigkeit
„Zwillinge finden" von Seite 46, einmal.
„Wortkette" von Seite 54, Aufgabe 5 und 6.
„Zahlenreihe" von Seite 66, Aufgaben 3 und 4.
„Das schwarze Schaf" von Seite 76, 9 bis 12.
„Gleich und Gleich ..." von Seite 83, 7 bis 9.
„Wort-Bausteine ..." von Seite 114, fünf Karten.

Tag 3, mittlere Schwierigkeit
„Fundbüro" von Seite 49, zwei Versuche.
„Wortsalat" von Seite 55, Aufgaben 7 bis 9.
„Kopfrechnen" von Seite 63 mit zwei Farben.
„Gegensätze ..." von Seite 80, 10 bis 12.
„Sightseeing-Tour" von Seite 103, fünf Orte.
„Orientierungssinn ..." von S. 105, dreimal fünf Straßen.

Tag 4, mittlere Schwierigkeit
„Modenschau" von Seite 47 mit vier Figuren.
„Nachbarschaft" von Seite 50 mit vier Personen.
„Einkaufsbummel" von Seite 51 mit acht Bildern.
„Zahlenkombinationen" von Seite 62, erste Aufgabe.
„Zahlensalat" von Seite 67 zweimal legen.
„Das schwarze Schaf" von Seite 76, 13 bis 15.

Tag 5, mittlere Schwierigkeit
„Zahlenreihe" von Seite 66, Aufgaben 5 und 6.
„Textaufgaben" ab Seite 70, Aufgabe 1.
„Wortschatz erweitern" von Seite 82, 3 bis 6.
„Drehbuch schreiben" von Seite 96, eine Komödie.
„Wörter vermeiden" von Seite 99, drei Sätze.
„Erst denken ..." von Seite 112, 19 bis 21.

Tag 5, mittlere Schwierigkeit
„Einkaufsbummel" von Seite 51 mit zehn Bildern.
„Wortkette" von Seite 54, Aufgaben 7 und 8.
„Textaufgaben" ab Seite 70, Aufgabe 2.
„Erklärungsnot" von Seite 77, Aufgaben 7 bis 10.
„Gleich und Gleich ..." von Seite 83, 10 bis 12.
„Erst denken ..." von Seite 112, 22 bis 24.

Tag 7, mittlere Schwierigkeit
„Modenschau" von Seite 47 mit fünf Figuren.
„Wer fehlt hier" von Seite 68, Aufgaben 10 bis 12.
„Textaufgaben" ab Seite 70, Aufgabe 3.
„Gegensätze ..." von Seite 80, 13 bis 15.
„Sie sind der Krimi-Autor" von Seite 98
„Wort-Bausteine ..." von Seite 114, fünf Karten.

Tag 1, hohe Schwierigkeit
„Fundbüro“ von Seite 49, drei Versuche.
„Wortsalat“ von Seite 55, Aufgaben 10 bis 12.
„Sätze bilden“ von Seite 57, Aufgaben 7 bis 10.
„Kopfrechnen“ von Seite 63 mit drei Farben.
„Der gefragte Experte ...“ von Seite 91
„Orientierungssinn ...“ von S. 105, dreimal acht Straßen.

Tag 2, hohe Schwierigkeit
„Gegensätze ...“ von Seite 80, 16 und 17.
„Zahlenreihe“ von Seite 66, Aufgaben 7 und 8.
„Erklärungsnot“ von Seite 77, Aufgaben 11 bis 13.
„Textaufgaben“ ab Seite 70, Aufgabe 4.
„Das schwarze Schaf“ von Seite 76, 16 bis 18.
„Gleich und gleich ...“ von Seite 83, 13 bis 15.

Tag 2, hohe Schwierigkeit
„Nachbarschaft“ von Seite 50 mit sechs Personen.
„Begriffspaare finden“ von Seite 56 einmal.
„Stadtbummel“ von S. 48, zweimal zehn Straßen.
„Zahlensalat“ von Seite 67 zweimal legen.
„Wortschatz erweitern“ von Seite 82, 11 bis 15.
„Erst denken ...“ von Seite 112, 25 bis 28.

Tag 4, hohe Schwierigkeit
„Deutschlandtour“ von S. 44, sechsmal acht Orte.
„Wortsalat“ von Seite 55, Aufgaben 13 bis 15.
„Zahlenkombinationen“ von Seite 62, zweite Aufgabe.
„Wer fehlt hier“ von Seite 68, Aufgaben 13 bis 15.
„Das schwarze Schaf“ von Seite 76, 19 und 20.
„Wörter vermeiden“ von Seite 99, drei Sätze.

Tag 5, hohe Schwierigkeit
„Kopfrechnen" von Seite 63, mit vier Farben.
„Gegensätze ..." von Seite 80, 18 bis 20.
„Tägliches Duschen ..." von Seite 90
„Drehbuch schreiben" von Seite 96, ein Liebesfilm.
„Spruchreif" von Seite 102, fünf Sprüche.
„Verse schmieden ..." von Seite 106, sieben Verse.
„Genie im Chaos ..." von Seite 108, einmal.

Tag 6, hohe Schwierigkeit
„Modenschau" von Seite 47, mit sechs Figuren.
„Wortkette" von Seite 54, Aufgaben 9 und 10.
„Zahlenreihe" von Seite 66, Aufgaben 9 und 10.
„Erklärungsnot" von Seite 77, Aufgaben 14 und 15.
„Das ist ja absurd" von Seite 100, drei Sätze.
„Orientierungssinn ..." von S. 105, viermal zehn Straßen.
„Buchstaben-Mixer ..." von Seite 110, zehn Worte.

Tag 7, hohe Schwierigkeit
„Einkaufsbummel" von Seite 51, mit zehn Bildern.
„Zahlensalat" von Seite 67, dreimal legen.
„Textaufgaben" ab Seite 70, Aufgabe 5.
„Wortschatz erweitern" von Seite 82, 16 bis 20.
„Gleich und gleich ..." von Seite 83, 16 bis 18.
„Spruchreif" von Seite 102, fünf Sprüche.
„Wort-Bausteine ..." von Seite 114, fünf Karten.

Anhang: Lösungen der Übungen

Seite 42, „Weltreise“:

- Frankreich, Paris, französische Nationalflagge, Eiffelturm, Croissant
- Großbritannien, London, britische Nationalflagge, Melone (Hut), Doppeldeckerbus
- USA, New York, amerikanische Nationalflagge, Freiheitsstatue, Hamburger
- China, Peking, chinesische Nationalflagge, Fahrrad, Sack Reis
- Italien, Rom, italienische Nationalflagge, schiefer Turm von Pisa, Pizza
- Holland, Amsterdam, niederländische Nationalflagge, Holzschuhe, Windmühle
- Australien, Sydney, australische Nationalflagge, Känguru, Bumerang
- Spanien, Madrid, spanische Nationalflagge, Stier, Flamencokleid

Seite 54, „Wortkette“:

- Baumhaus-Hausmeister-Meisterstück-Stückpreis-Preisschild
- Tennisball-Ballspiel-Spielstand-Standuhr-Uhrzeit
- Autobahn-Bahnreise-Reisebüro-Bürostuhl-Stuhlbein
- Zuchttier-Tiergarten-Gartenhaus-Hausschlüssel-Schlüsselbund
- Lagerfeuer-Feuerwehr-Wehrdienst-Dienstgrad-Gradmesser
- Leuchtturm-Turmfenster-Fensterbrett-Brettspiel-Spielzeit
- Kaffeemaschine-Maschinenpark-Parkuhr-Uhrzeit-Zeitmesser
- Briefpapier-Papierkorb-Korbball-Ballspiel-Spielplatz
- Meerwasser-Wasserbett-Bettwäsche-Wäscheschrank-Schrankkoffer
- Schulbank-Bankhaus-Haustür-Türschild-Schildbürger

Seite 55, „Wortsalat“:

1. Telefon, 2. Tennis, 3. Computer, 4. Schreibmaschine, 5. Fernseher, 6. Kugelschreiber, 7. Taschentuch,

8. Antenne, 9. Schachtel, 10. Flughafen, 11. Pflaumenbaum, 12. Griechenland, 13. Supermarkt, 14. Kaffeemaschine, 15. Briefkasten, 16. Werkzeug, 17. Teppich, 18. Bankkonto, 19. Bahnhof, 20. Lagerfeuer

Seite 56, „Begriffspaare finden"

Wenn Sie die Bilder richtig miteinander kombiniert haben, stellen sie unter anderem die folgenden Begriffe dar:

- Tischbein
- Blumentopf
- Lampenschirm
- Handschuh
- Autoradio
- Kirchturm
- Taschenmesser
- Sonnenbrille
- Ringfinger
- Fahrradschloss
- Kopfschmuck
- Spiegelbild
- Zahnbürste
- Zaunkönig
- Eselsbrücke

Außerdem möglich sind viele weitere Begriffe, z. B. Blumentisch, Tischlampe, Schlosskirche, Handschirm, Zahnbein, Taschenschirm, Bildschirm, Ringschloss, Fingerring usw.

Seite 62, „Zahlenkombinationen":

Nachstehend zeigen wir Ihnen noch einmal das bereits für die Aufgabe verwendete Zahlenmuster.

- Zahlen, die um zwei kleiner sind als die vorhergehenden und um acht größer als die folgenden, sind hier fett gedruckt.
- Zahlen, die um sechs größer sind als die vorherigen und um vier kleiner als die folgenden, sind hier fett und kursiv gedruckt.

29	51	39	45	49	54	94
15	17	18	21	23	29	33
21	27	31	57	71	75	37
33	31	23	29	33	26	15
10	18	98	85	12	10	18
84	75	67	65	57	55	47
67	63	90	44	50	48	29
91	35	33	25	31	35	74
34	40	44	50	66	70	75
65	63	55	53	61	67	71
22	27	31	33	31	23	65
17	21	25	28	34	40	69

Seite 66, „Zahlenreihe"
5, 43, 5, 5, 13, 21, 10, 39, 10, 2

Seite 69, „Wortkette"
1. Vaterschaftstest, 2. Elefantengehege, 3. Messerklinge, 4. Stuhl, 5. Zeitungsredaktion, 6. Bonbonpapier, 7. Telefonhörer, 8. Tischbein, 9. Scherenschleifer, 10. Wellenbrecher, 11. Ferienclub, 12. Segelschiff, 13. Landwirtschaftsministerium, 14. Fitness, 15. Aufnahme, 16. Geburtstagsnachfeier, 17. Sonntagsausflug, 18. Schrankkoffer, 19. Lichtschalter, 20. Apothekennotdienst

ab Seite 70, „Textaufgaben"
1 d, 2 b, 3 c, 4 d, 5 c, 6 d, 7 a, 8 c

Seite 76, „Das schwarze Schaf"
1. Der Vogel ist kein Säugetier. 2. Die Wachtel ist kein Singvogel. 3. Der Tisch ist kein Sitzmöbel. 4. Hochsprung ist kein Ballsport. 5. Meter ist kein elektrisches Maß. 6. Reis ist keine Hülsenfrucht. 7. Genf ist keine Hauptstadt. 8. Das Fahrrad benötigt Muskelkraft.

9. Hamburg ist in dieser Aufzählung der einzige Stadtstaat.
10. Die Banane ist weder eine Kern- noch eine Steinfrucht.
11. Pinguine leben am Südpol. 12. Sandalen sind offene Schuhe.
13. Die Geige ist das einzige hier genannte Streichinstrument.
14. Strom muss erzeugt werden. 15. Redakteur ist kein akad. Grad.
16. Die Parkbank ist nicht gepolstert. 17. Beton ist kein Naturstein.
18. Die Birne ist als einzige eine Kernfrucht und kein Steinobst.
19. Weitsprung ist keine der Disziplinen beim Triathlon.
20. Grün ist keine Grundfarbe, lässt sich aus den anderen mischen.
21. Die Niederlande liegen als einziges Land nicht an der Ostsee.
22. Helgoland ist ohne Festlands-Damm. 23. Enten sind Vegetarier.
24. Die Venus hat keinen Mond. 25. Beim Handball gibt's Freiwurf.
26. Pottwale sind Säugetiere. 27. Synapsen sind keine Blutgefäße.
28. Die Weser ist ohne Quelle, entsteht aus Werra und Fulda.
29. Das Pferd hat Hufe. 30. Der Hektar ist ein Flächenmaß.

ab Seite 76, „Erklärungsnot"

1. Ein Glücksspiel mit Nummerntafeln.
2. Insgesamt 22 Spieler plus Schiedsrichter, aufgeteilt in zwei Mannschaften mit je elf Spielern.
3. Eine Legierung von Kupfer und Zinn.
4. Durch Entladung der atmosphärischen Elektrizität.
5. Ein Warmwasserbereiter.
6. Gesetzlich vorgeschriebene Angaben z. B. zu Verleger, Redaktion und Druckerei in Zeitungen und Zeitschriften.
7. Mikro-Nährstoffe für Menschen, Tiere und Pflanzen, die in geringen Mengen lebensnotwendig sind, z. B. Eisen und Fluor.
8. Das Gewicht des Fahrzeugs ohne Insassen, Gepäck, Zubehör, aber mit Batterie, Öl, Wasser und gefüllten Tank.
9. Die Inflation bringt Preissteigerung durch Geldentwertung.
10. Ein deutsches Kartenspiel für drei Personen.
11. Ein Bruch, dessen Nenner 10 oder eine Potenz von 10 ist. Beispiel: 0,5 = 5/10.
12. Die Zeit, die das Licht braucht, um von einem Himmelskörper

zur Erde zu gelangen, z. B. von der Sonne zur Erde acht Minuten und 18,72 Sekunden.
13. Eine Mondfinsternis entsteht, wenn der Mond in den Schatten der Erde taucht, weil die Erde zwischen Sonne und Mond steht.
14. Ein Gemälde mit Wasserfarben.
15. Der Flamingo hat ein rosarotes bis karminrotes Gefieder, lange Beine und einen geknickten Schnabel.

Seite 80, „Gegensätze ziehen sich an“

1. reich, wohlhabend, vermögend 2. schlau, intelligent, clever
3. dünn, mager, schmal 4. dunkel, finster, düster
5. groß, riesig, hünenhaft 6. traurig, betrübt, deprimiert
7. schön, attraktiv, hübsch 8. fies, gemein, bösartig
9. eckig, kantig, quadratisch 10. billig, preiswert, günstig
11. sauer, bitter, salzig 12. schlecht, mies, furchtbar
13. alt, gebraucht, benutzt 14. einfach, leicht, problemlos
15. nass, feucht, benetzt 16. warm, mollig, beheizt
17. langweilig, trist, ermüdend 18. laut, lärmend, ohrenbetäubend
19. unappetitlich, eklig, abstoßend 20. ungebildet, schlicht, einfach

Seite 82, „Wortschatz erweitern“

1. dunkel, schattig, romantisch, tief, groß
2. hell, gleißend, stechend, wärmend, freundlich
3. kalt, weiß, frostig, ungemütlich, gefrierend
4. flockig, weiß, klebrig, matschig, sternenförmig
5. schlau, kompliziert, einfach, befremdend, erleichternd
6. niedlich, goldig, laut, naiv, träumerisch
7. bequem, schnell, laut, stinkig, umweltschädlich
8. dick, groß, schwer, intelligent, trampelig
9. fröhlich, feucht, laut, interessant, langweilig
10. verantwortungsbewusst, schlau, gewissenhaft, belastbar, kinderlieb, wissend, einfühlsam, streng
11. feierlich, festlich, besinnlich, religiös, kommerziell
12. aufregend, romantisch, verzehrend, gefühlvoll, leidvoll

13. klein, winzig, listig, gutmütig, kurz
14. stark, groß, stämmig, muskulös, grob
15. dreckig, rosig, verfressen, dick, anhänglich
16. karg, einsam, dunkel, ungemütlich, ausbruchssicher
17. blau, tief, romantisch, salzig, geheimnisvoll
18. verwinkelt, romantisch, verwunschen, vornehm, prachtvoll, gespenstisch, hochherrschaftlich
19. ehrlich, selbstverliebt, verlogen, vertrauenswürdig, engagiert
20. spannend, unterhaltsam, langweilig, ermüdend, schnulzig

Seite 83, „Gleich und Gleich gesellt sich gern"

1. Heim, Anwesen, Bude, Domizil, Gebäude
2. Fahrzeug, Wagen, Untersatz, Pkw, Kraftfahrzeug
3. Krach, Schererei, Ärger, Unstimmigkeit, Stunk
4. säubern, reinigen, saubermachen, scheuern, reinmachen
5. Erzieher, Pauker, Lehrkraft, Studienrat, Ausbilder
6. Gericht, Essen, Menü, Speise, Schmaus
7. Einigkeit, Harmonie, Verständigung, Einklang, Stille
8. Fahrt, Ausflug, Tour, Trip, Exkursion
9. erwerben, besorgen, einholen, erstehen, beziehen
10. Nachwuchs, Spross, Sprössling, Nachkomme, Erbe
11. Fest, Party, Fete, Gesellschaft, Budenzauber
12. eilen, flitzen, hasten, rennen, rasen
13. Brieftasche, Börse, Geldbeutel, Geldtasche
14. Tätigkeit, Leistung, Schaffen, Tun, Profession
15. baden, paddeln, planschen, kraulen, driften
16. ansprechend, smart, reizend, adrett, schick, apart
17. Boss, Leiter, Anführer, Vorgesetzter, Kopf
18. Betrieb, Geschäft, Unternehmen, Gesellschaft, Laden
19. Boot, Kahn, Seelenverkäufer, Fähre, Yacht
20. Kapelle, Band, Quartett, Musik-, Popgruppe

Seite 87, „Allergien richtig behandeln lassen"

Allergologe

Seite 88, „Eier kochen ohne Pannen"
Luftblase

Seite 88, „Eltern haften für ihre Kinder"
Aufsichtspflicht

Seite 89, „Keine Gefahr durch salziges Essen"
Hypertonie

Seite 89, „Das korrekte Tempo"
Fahrzeuge

Seite 90, „Tägliches Duschen ist erlaubt"
Haut

Seite 90, „Blumen richtig gießen"
Blätter

Seite 91, „Vermeiden Sie Nachporto"
Briefmarke

Seite 91, „Der gefragte Experte"
Koryphäe

Seite 92, „Die Wahrheit über dunkles Brot"
Bäcker

Seite 92, „Keine Angst vorm Frühstücksei"
Blut

Seite 112, „Erst denken, dann antworten"
1. Keine - wegen des Knalls fliegen alle davon.
2. Die Drehtür.
3. Der Schlagbaum.

4. Das Wort „und".
5. Am Südpol.
6. Druckfehler, weil es tatsächlich Schreibfehler sind. Falsch gedruckt wird nur, was vorher schon falsch geschrieben war.
7. „Also, ich sehe nichts."
8. Paul.
9. Sein Sparbuch.
10. Gar nichts – die sieben Zwerge gehören zu „Schneewittchen".
11. Wenn er zu dicht an der Bahnsteigkante steht.
12. „Oh, zeig' sie mir doch mal!"
13. „Wie bitte?"
14. Sie halten sich statt eines Wellensittichs einen Pinguin.
15. Tote Fliegen können nicht herumschwimmen.
16. Das Klavier brennt länger.
17. Weil man Spiegeleier nachzählen kann.
18. Die Blaubeere, denn „grün" bedeutet „unreif" - dann ist sie rot.
19. Weil er seine Eier immer in fremde Nester legt.
20. Der Gas-Luftballon.
21. Nein, die Frau eines Witwers lebt selbst nicht mehr.
22. Grau, wie bei allen alten Leuten, auch in Griechenland.
23. Der Schneemann.
24. Die Nase.
25. Wenn man selbst auf dem Mond steht.
26. Den Anker eines Schiffes.
27. „Mann über Bord!"
28. Vom Nordpol aus.